**中国社会科学院创新工程学术出版资助项目**

夏洪胜　张世贤◎主编

U0577515

21世纪工商管理文库

# 生产运作管理

Production and Operations Management

经济管理出版社
ECONOMY & MANAGEMENT PUBLISHING HOUSE

**图书在版编目（CIP）数据**

生产运作管理/夏洪胜，张世贤主编. —北京：经济管理出版社，2013.9
（21世纪工商管理文库）
ISBN 978-7-5096-2586-6

Ⅰ.①生…　Ⅱ.①夏…②张　Ⅲ.①生产管理　Ⅳ.①F273

中国版本图书馆 CIP 数据核字（2013）第 188352 号

组稿编辑：何　蒂
责任编辑：杨　雪
责任印制：司东翔
责任校对：超　凡

出版发行：经济管理出版社
　　　　　（北京市海淀区北蜂窝 8 号中雅大厦 A 座 11 层　100038）
网　　址：www. E-mp. com. cn
电　　话：（010）51915602
印　　刷：三河市延风印装厂
经　　销：新华书店
开　　本：720mm×1000mm/16
印　　张：17.75
字　　数：271 千字
版　　次：2014 年 3 月第 1 版　2014 年 3 月第 1 次印刷
书　　号：ISBN 978-7-5096-2586-6
定　　价：48.00 元

# 总　序

1911 年，泰勒《科学管理原理》的发表标志着管理学的诞生。至今，管理学已经走过了整整 100 年，百年的实践证明，管理学在推动人类社会进步和中国改革开放中发挥了巨大的作用。在这个具有历史意义的时刻，我们也完成了《21世纪工商管理文库》的全部编写工作，希望以此套文库的出版来纪念管理学诞生100 周年，并借此机会与中国企业的管理者们进行交流与探讨。

"绝不浪费读者的时间"，这是我在筹划编写本套文库时所坚持的第一理念。时间是管理者最宝贵的资源之一，为了让读者尽可能高效率地学习本套文库，我们的团队力求通过精练的文字表达和鲜活的案例分析，让读者在掌握基础知识的同时获得某种思维上的灵感，对解决企业实际中遇到的问题有所启发，同时也获得阅读带来的轻松和愉悦。"绝不浪费读者的时间"，这是我们对您的承诺！

## 一、编写《21 世纪工商管理文库》的出发点

本人从事工商管理领域的学习、研究、教学和实践工作多年，在这一过程中不断探索和思考，形成了自己的一系列观点，其中的一些观点成为编写本套文库的出发点，希望能尽我微薄之力，对我国企业的发展有所帮助。

1. 工商管理是一门应用性极强的学科，该领域的基础理论成果基本上来源于以美国为主的西方国家。在工商管理领域的研究方面，我国应该将重点放在应用研究上。

2. 工商管理在很大程度上受制度、历史、文化、技术等因素的影响。对于源自西方国家的工商管理基础理论，我们切不可照搬照抄，而应该在"拿来"的基础上根据我国的实际情况加以修正，然后将修正后的理论运用于我国的实践。

3. 目前，我国的 MBA、EMBA 所用的经典教材多数是西方国家的翻译版本，不仅非常厚，内容也没有根据中国的实际情况进行调整，在学时有限的情况下学生普遍无法学通，更谈不上应用，这可以从众多的学位论文和与学生的交流中看出。

4. 做企业，应该先"精"后"强"再"大"，并持续地控制风险，只有这样才能保证企业之树长青。而要做到这些，一个非常关键的因素就是对工商管理知识的正确运用，所以，无论多忙，我国的企业管理者们都务必要全面系统地学习适合国情的工商管理知识，以提升企业的软实力。

5. 随着国际化程度的加深，我国急需一批具有系统的工商管理知识和国际化视野且深谙国情的企业家，这一群体将成为我国企业走向国际化的希望。企业的中高层管理者是这一批企业家群体的预备军，因此，我们应该尽力在我国企业的中高层管理者中培育这个群体。

"路漫漫其修远兮，吾将上下而求索"。企业是国家的经济细胞，也是国家强盛的重要标志之一。当今世界，企业间的竞争日趋激烈，我国企业的管理者们要有强烈的危机意识和竞争意识，必须从人、财、物、信息、产、供、销、战略等各方面全方位地提升我国企业的管理水平，力争建成一批世界知名的和有国际影响力的中国企业，这批企业将是中国经济的基础和重要保障。我希望本套文库能够与中国企业中高层管理者的实践碰撞出灿烂的火花，若能如此，我多年的心血和我们团队的工作便有了它存在的价值。

## 二、《21 世纪工商管理文库》的内容

中国企业非常需要有一套适合中国国情的工商管理文库，博览以往工商管理类的书籍，它们对中国企业的发展确实起到了非常重要的作用，但是却鲜有一套文库的内容可以同时将基础性的知识、前沿性的研究和最适合在中国应用的理论

结合工商管理内容的本质，以深入浅出、通俗易懂的表达方式全面呈现出来。由于中国的中高层企业管理者用在读书学习上的时间非常有限，这就要求本套文库能让企业管理者花较少的时间，系统地掌握其内容并加以运用。

鉴于此，本人与国内外同行进行了深入的探讨，同时，也与一大批内地、港澳台地区及国外企业家和学者进行了广泛的接触与交流，并实地调研了大量中外企业。在此基础上，仔细查阅了国内外著名大学商学院的有关资料，并结合自己的研究，首次构建并提出了如图Ⅰ所示的工商管理内容模型。该模型经过数十次的修正，直到工商管理理论研究同行与实践中的企业家们普遍认可后才确定下来。它由31本书组成，平均每本200页以上，基本涵盖了工商管理的主要内容，是目前我国较为系统、全面并适合中国企业的工商管理文库。

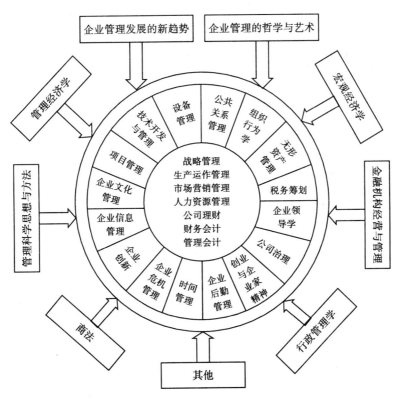

**图Ⅰ 工商管理内容模型**

该工商管理内容模型共分为如下三个部分：

第一部分为核心内容（图Ⅰ中小圆内部分）。该部分内容共分为7个方面：①战略管理；②生产运作管理；③市场营销管理；④人力资源管理；⑤公司理财；⑥财务会计；⑦管理会计。

以上7个方面的内容是工商管理最基本的部分，也是工商管理最核心的部分，这些内容是任何企业都应该具有的。可以说，工商管理其他方面的内容都是围绕这7个方面的内容展开的。这7个方面的内容各有侧重又彼此关联。

我们称这7个方面的内容为工商管理的核心系统，该系统是工商管理专业的核心课程。

第二部分为辅助内容（图Ⅰ中小圆与大圆之间部分）。该部分内容共分为16个方面：①企业领导学；②公司治理；③创业与企业家精神；④企业后勤管理；⑤时间管理；⑥企业危机管理；⑦企业创新；⑧企业信息管理；⑨企业文化管理；⑩项目管理；⑪技术开发与管理；⑫设备管理；⑬公共关系管理；⑭组织行为学；⑮无形资产管理；⑯税务筹划。

以上16个方面的内容是工商管理的辅助内容。不同行业的企业和企业发展的不同阶段都会不同程度地运用到这些内容。这16个方面的内容与核心系统一起构成了企业管理的主要内容。

我们称这16个方面的内容为工商管理的辅助系统，该系统是工商管理专业的选修课程。

第三部分为支撑内容（图Ⅰ中大圆外部分）。该部分内容共分为8个方面：①宏观经济学；②金融机构经营与管理；③行政管理学；④商法；⑤管理科学思想与方法；⑥管理经济学；⑦企业管理发展的新趋势；⑧企业管理的哲学与艺术。

以上8个方面的内容对企业管理起到支撑、支持或制约的作用，企业管理的思想、方法、环境等都与这些内容密切相关，甚至企业管理的绩效直接与这8个方面的内容有关。

我们称这8个方面的内容为工商管理的支撑系统，该系统是工商管理专业的公共必修课程。

　　需要说明的是，在该模型中，我们标出了"其他"，这是由于工商管理的内容非常丰富，其模型很难包罗万象，而且工商管理本身也在发展中，无论是核心系统、辅助系统，还是支撑系统，都可能在内容上发生变化。因此，我们将该模型中没有表明的内容用"其他"表示。

　　综上所述，整个工商管理内容模型是由核心系统、辅助系统、支撑系统三大系统组成。我们也可称之为工商管理的三维系统，其中，核心系统和辅助系统构成了企业管理的主要内容。

　　我们进一步将核心系统和辅助系统按照关系密切程度划分为 5 个子系统，它们分别是：

　　子系统 1：战略管理、企业领导学、公司治理、创业与企业家精神、企业后勤管理、时间管理、企业危机管理、企业创新、企业信息管理、企业文化管理。该子系统各部分都会对企业产生全局性的影响。

　　子系统 2：生产运作管理、项目管理、技术开发与管理、设备管理。该子系统各部分技术性强，偏重定量分析，且各部分之间关系密切。

　　子系统 3：市场营销管理、公共关系管理。该子系统各部分之间关系密切，公共关系的有效管理有助于市场营销管理。

　　子系统 4：人力资源管理、组织行为学。该子系统各部分之间关系密切，组织行为学是人力资源管理的基础。

　　子系统 5：公司理财、财务会计、管理会计、无形资产管理、税务筹划。该子系统各部分之间关系密切，公司理财、财务会计、管理会计构成了企业的财务管理体系，同时也是无形资产管理、税务筹划的基础。

　　以上 5 个子系统也可以作为企业管理的 5 个主要研究方向：①战略管理方向；②生产运作管理方向；③市场营销管理方向；④人力资源管理方向；⑤财会管理方向。其中，战略管理是企业的定位；生产运作管理是企业的基石；市场营销管理是企业生存的手段；人力资源管理是企业的核心；财会管理是企业的灵魂。

　　当然，工商管理内容模型中的各个部分不是孤立存在的，它们彼此之间常常是有关联的，甚至有些内容还有交叉。如"采购管理"作为企业管理中非常重要的内容，本套文库在生产运作管理、项目管理和企业后勤管理三本书中均有涉及。虽然三本书中关于"采购管理"的内容均有关联和交叉，但三本书中所呈现出来的相应内容的侧重点又是不同的。

## 三、《21世纪工商管理文库》的内容本质

通过多年来对国内外工商管理理论与实践的研究，我们认为《21世纪工商管理文库》的内容本质可以精辟地概括成如表I所示。

**表I 《21世纪工商管理文库》的内容本质**

| 书名 | 内容本质 |
| --- | --- |
| 1.战略管理 | 找准企业内部优势与外部环境机会的最佳契合点，并保持可持续发展 |
| 2.生产运作管理 | 依据市场的需求和企业的资源，为客户生产和提供物超所值的产品 |
| 3.市场营销管理 | 以有限的资源和真实的描述，尽可能让企业的目标客户了解并购买企业的产品 |
| 4.人力资源管理 | 适人适才、合理分享、公平机会、以人为本、真心尊重，创造和谐快乐的工作环境 |
| 5.公司理财 | 使公司的资产保值增值并在未来依然具有竞争力 |
| 6.财务会计 | 合规、及时、准确地制作财务会计报表，并运用财务指标评价企业的经营状况 |
| 7.管理会计 | 让管理者及时、准确地了解其经营活动与各项财务指标的关系并及时改善 |
| 8.企业领导学 | 道德领导、诚信经营、承前启后、继往开来 |
| 9.公司治理 | 以科学的制度保障权力的相互制衡,维护以股东为主体的利益相关者的利益 |
| 10.创业与企业家精神 | 发现和捕获商机并持续创新 |
| 11.企业后勤管理 | 通过企业的间接管理活动，使其成本最低和效率最高 |
| 12.时间管理 | 依重要和缓急先后，合理分配时间，从而达成目标 |
| 13.企业危机管理 | 大事化小，小事化了，转危为机 |
| 14.企业创新 | 快半步就领先，持续保持竞争优势 |
| 15.企业信息管理 | 及时和准确地为管理者提供相关的管理信息 |
| 16.企业文化管理 | 以共同的信念和认同的价值观引领企业达到具体的目标 |
| 17.项目管理 | 以有限的资源保质保量完成一次性任务 |
| 18.技术开发与管理 | 将未来的技术趋势转化为商品的过程与管理 |
| 19.设备管理 | 使设备具有竞争力且寿命最长和使用效率最高 |
| 20.公共关系管理 | 使企业与所有利益相关者的关系最和谐且目标一致 |
| 21.组织行为学 | 科学组建以人为本的有效团队 |

| 书名 | 内容本质 |
|------|----------|
| 22.无形资产管理 | 化无形为有形，持续发展无形的竞争优势 |
| 23.税务筹划 | 合法、有道德且负责任的节税手段 |
| 24.宏观经济学 | 保持国民经济可持续和健康发展的理论基础 |
| 25.金融机构经营与管理 | 服务大众，科学监管 |
| 26.行政管理学 | 科学制定"游戏"规则，构建长富于民的政府管理机制 |
| 27.商法 | 维护经济秩序并保护企业或个人的合法权益 |
| 28.管理科学思想与方法 | 以可靠准确的数据为基础，优化各类资源的使用效率和效果 |
| 29.管理经济学 | 微观经济学的理论在企业经营决策中的应用 |
| 30.企业管理发展的新趋势 | 企业未来的管理方向 |
| 31.企业管理的哲学与艺术 | 刚柔并济，共创所有利益相关者的和谐 |

# 四、《21世纪工商管理文库》的特色

## （一）《21世纪工商管理文库》在叙述方式上的特色

1. 每本书的封面上都对该书的内容本质有精辟的描述，这也是贯穿该书的主线，随后对该书的内容本质有进一步的解释，以便读者能深刻领悟到该书内容的精髓所在；并在总序中对整个《21世纪工商管理文库》的内容本质以表格的形式呈现。

2. 每本书的第一章，即导论部分都给出了该书的内容结构，以便读者能清晰地知道该书的整体内容以及各章内容的逻辑关系。

3. 每本书的每章都以开篇案例开始，且每一节的开头都有一句名人名言或一句对本节内容进行概括的话，以起到画龙点睛的作用。

4. 每本书的基础理论大部分都有案例说明，而且基本上是在中国的应用，尽量使其本土化。

5. 每本书都非常具有系统性、逻辑性和综合性，将复杂理论提炼成简单化、通俗化的语句并归纳出重点及关键点，尽量避免不必要的"理论"或"术语"，表达上简洁明了、图文并茂、形象鲜活。

## （二）《21世纪工商管理文库》在内容上的特色

1. 本套文库建立了完整的工商管理内容模型，该模型由核心系统、辅助系统和支撑系统组成。在该模型中，读者能够清晰地看到工商管理内容的全貌以及各部分内容之间的关系，从而更加有针对性地学习相关内容。这也是本套文库的基本内容框架，从该框架可以看出，本套文库内容全面，具有很强的系统性和逻辑性，且层次分明。

2. 本套文库的内容汇集和整合了古今中外许多经典的、常用的工商管理理论和实践的成果，我们将其纳入本套文库的内容框架体系，使其更为本土化和实用化。可以认为，我们的工作属于集成创新或整合创新。

3. 每本书的内容都以"基础性"、"新颖性"、"适用性"为原则进行编写，是最适合在中国应用的。对于一些不常用或不太适合在中国应用的基础理论没有列入书中。

4. 核心系统和辅助系统（企业管理的主要内容）中的每本书都有对中国企业实践有指导意义的、该领域发展的新趋势，这可以让读者了解到该领域的发展方向，并与时俱进。为了便于读者阅读和掌握各个领域发展的新趋势，我们将本套文库中的所有新趋势汇集为《企业管理发展的新趋势》一书。

5. 核心系统和辅助系统中的每本书都有该领域的管理哲学与艺术，提醒企业不可僵化地运用西方的基本理论，而应该将中国的管理哲学与艺术和西方现代工商管理理论相结合，即将东西方的科学发展观与中国的和谐社会融合起来，这才是真正适合中国本土化的企业管理。为了便于读者阅读和掌握各个领域的管理哲学与艺术，我们将本套文库中的所有管理哲学与艺术汇集为《企业管理的哲学与艺术》一书。

**(三)《21世纪工商管理文库》在功能上的特色**

1. 有别于程式化的西方 MBA、EMBA 教材。本套文库具有鲜明的中国本土问题意识，在全球化视野的背景下，更多地取材于中国经济快速增长时期企业生存发展的案例。

2. 有别于传统工商管理的理论教化。本套文库强调战术实施的功能性问题，力求对工商管理微观层面的问题进行分析与探讨。

3. 有别于一般的工商管理教科书。本套文库中的每本书从一开始就直接切入"要害"，紧紧抓住"本质"和"内容结构"，这无疑抓住了每本书的"主线"，在叙述方式和内容上，围绕这条"主线"逐步展开，始终秉承"绝不浪费读者时间"和"以人为本"的理念。

4. 有别于一般的商界成功人士的传记或分行业的工商管理书籍。本套文库以适合在中国应用的基础理论为支撑，着力解决各行业中带有共性的问题，以共性来指导个性。这也体现了理论来源于实践并指导实践这一真理。

5. 有别于同类型的工商管理文库。本套文库系统全面、通俗易懂，在叙述方式和内容上的特色是其他同类型工商管理书籍所不具备的，而且本套文库的有些特色目前在国内还是空白，如工商管理内容模型、本质、趋势与哲学等。另外，本套文库在表达方式上也颇具特色。

## 五、《21 世纪工商管理文库》的定位

1. 本套文库可供中国企业的中高层管理人员学习使用。通过对本套文库的学习，中国企业的中高层管理人员一方面可吸收和运用西方的适合在中国应用的基础理论，同时结合中国的管理哲学与艺术，把中国的企业做精、做强、做大，参与国际竞争，并保持可持续成长。

2. 本套文库可作为中国企业的中高层管理人员的培训教材。本套文库系统、全面、案例丰富，基础理论和中国实际结合紧密，这对于全面提高中国企业的中高层管理者的素质和管理水平是很有帮助的。

3. 本套文库可作为中国 MBA 或 EMBA 的辅助教材或配套教材，也可作为其他层次工商管理专业的辅助教材或配套教材。和现有的中国 MBA 或 EMBA 教材相比较，该套文库是一个很好的补充，而且更易读、易懂、实用。

明确的定位和清晰的理念决定了我们这套文库自身独有的特色，可以令读者耳目一新。

夏洪胜

2013 年 12 月

# 目　录

# 第一章 导论

## T型车生产模式的变革

福特汽车公司是世界上著名的汽车生产企业。1908年，福特聘请专门人员对生产T型车的工厂进行流程改造。1913年，福特开发出世界上第一条流水线，这一创举为福特乃至整个工业界都带来了重大的变革。

通过流水线传送带，汽车零件自动传送到下一工序，并逐渐组装成为部件，而小的部件通过流水线的传送和组装，又逐渐变成更大的部件，从而一步一步地形成T型车。

T型车生产模式的变革极大地提高了福特的生产效率。在流水线生产模式出现之前，汽车工业的生产效率极低，当时汽车的年生产量大约有12辆，远不能满足消费市场的需求，因而汽车成为当时奢侈品的象征。而使用了流水线生产后，工人装配1辆T型车只需93分钟。随着生产效率的提高，福特的生产成本也得到降低，T型车的价格由780美元/辆降为360美元/辆。低价的T型车受到了广大普通群众的欢迎，销量不断提高。福特实现了让汽车成为大众化交通工具的梦想。

资料来源:http://qy10000nian.i.sohu.com/blog/view/18851224.htm.

【案例启示】福特公司通过生产模式的变革，使T型车的生产率得到明显的提高，从而进一步扩大了生产规模，降低了生产成本，提升了其盈利水平和市场竞争优势，同时也让更多的企业从中得到启发。可见生产运作方式的变革和优化能够促进企业持续快速发展和不断获取利润。

那么企业如何才能实现最优的生产运作方式呢？接下来的内容将为您一一揭晓。

**本章您将了解到：**

● 生产运作管理的内涵及目标

● 制造性生产系统和服务性生产系统的内容及区别

# 第一节　生产运作管理概述

生产运作管理一直是全世界企业改进生产率的关键要素之一。

——任建标

## 一、生产运作管理的内涵

生产是人类获得财富、得以生存的源泉；生产是社会创造价值、得以发展的根本。生产最初是人类将生产要素转化为物质财富的过程，而随着生产力的提高及社会的发展，生产的范围不断地扩大，它不仅包括了有形产品的制造过程，还包括了无形产品的提供过程。部分西方学者将有形产品的制造过程统称为"Production"，即"生产"；将无形产品的提供过程统称为"Operation"，即"运作"；还有部分西方学者将这两者都统称为"Operation"。本书将有形产品的制造过程及无形产品的提供过程称为"生产运作"。总的来说，生产运作是一个企业投入一定资源，经过各种形式的转换与增值，最终产出产品的过程。而生产运作管理（Production and Operations Management）则是一个对生产运作系统进行设计、运行及改善的过程。

## 二、生产运作管理的目标

总的来说，生产运作管理的目标是：高效、灵活、准时、清洁地为客户生产合格的产品或为客户提供优质的服务。

### （一）高效

高效是指以最少的投入获得最大的产出。其中，投入一般指各种资源，产出一般指产品或服务，企业要想以最少的资源获得最多的产品或服务，就必须提高生产率。

### （二）灵活

灵活是指为满足顾客需求，而根据市场的变化情况提供各种产品或服务。企业要实现快速灵活地适应市场变化，就需要对生产系统的柔性进行加强。

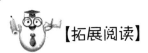【拓展阅读】

**生产系统柔性**

所谓生产系统的"柔性"，是指生产系统适应变化的能力和特性。柔性用以度量从某种产品的生产转向另一种产品的难易程度。如本田公司要求其每一个工厂都具备生产所有车型的能力，这样就能够根据市场的需求，迅速调整汽车的产量或品种，从而以尽可能低的成本、尽可能少的工时完成生产转变。

资料来源：http://biz.cn.yahoo.com/050823/16/c5nm.

### （三）准时

准时是指按照客户要求的时间及数量，为其提供所需的产品和服务。准时性是市场对生产过程的要求。

### （四）清洁

清洁主要包括两方面的内容：一是在生产过程中，应尽可能地节约原材料和能源，减少有毒物质的使用量，降低排放量，减少从原材料提炼到产品处理的整个生产过程中产生的不利影响；二是在生产过程结束后对废弃物的处理，将一些有害物质处理为有用产品或无害物质。

清洁的同时，还要注重对生产过程中废弃物的循环利用。循环是指将废弃物变为可再利用材料的过程，它与重复利用不同，重复利用仅指再次使用某件物品，而循环则引起了废弃物的质变。

### （五）生产合格的产品或提供优质的服务

生产合格的产品或提供优质的服务是指企业对产品或服务的质量要求。高质量的产品或服务能够防止客户流失，建立客户忠诚，提高企业的竞争力水平。衡量产品或服务质量的指标通常包括性能、可靠性、维修性、安全性、舒适性、适应性、经济性等。

## 三、生产运作管理的主要内容

试想要开办一家白色家电制造厂，需要做些什么？首先，需要对产品进行决策，是生产冰箱、电视还是洗衣机？在决定产品种类之后，接着就要选择生产工艺，生产工艺会影响到产品的年度生产量及季度生产量。其次，需要考虑如何设置工作岗位、在哪里建厂、工厂如何布局以及生产车间、仓库和办公室如何布置等。当工厂要投入生产并正式运行时，还需要编制生产作业计划，如物料需求计划、库存管理计划等来使生产车间能够顺利运转。最后，根据工作岗位的设计合理地安排人力、财力和物力，控制生产的进度，使生产出来的产品能够满足顾客的要求。有时，为了使生产活动适应外界环境的变化、响应客户的要求，还要对生产过程进行改进或重造。这些都是生产运作管理的内容。

生产运作管理主要包括以下三方面内容：

## （一）生产运作系统的设计

生产运作系统的设计是整个生产运作管理中的重要内容，并对其后续工作具有指导性的意义。总体来说，生产运作系统的设计包括以下四个方面的内容：

### 1. 产品开发管理

产品是企业运行与管理的核心。企业的生产运作管理应首先关注的是其开发什么样的产品，如何开发产品，如何对产品进行设计。在完成了产品设计后，企业就应该根据其产品的品种、数量、产量及各种经济因素来选择合适的生产流程与生产工艺。

### 2. 生产过程设计

企业所生产的任何一种产品，都是从原材料的投入开始，经过一系列的加工过程，最终转化为产品。而这个原材料投入到产品产出的全过程就是生产过程。生产过程是企业生产运作管理的主要对象，而生产过程设计则是企业安排生产的第一步，企业进行生产过程设计时，应该根据自身的产品特点及资金状况，去选择合适的生产组织形式。

### 3. 工作系统设计

产品的开发、设计和生产都需要人来完成。员工是企业最大的财富，因此企业应该科学地运用工作系统设计的原理与方法，合理地设计和安排员工的工作，并为员工创造良好的工作环境，从而激发员工的工作积极性与创造性，使其为企业创造更大的价值。

### 4. 选址与布局

选址是指企业对厂址或服务设施的位置进行选择，而布局则是指企业对其生产运作单位进行合理的位置安排。选址在一定程度上对企业的成本、运营及竞争力产生影响；而设施布局则能长期影响企业的生产活动。因此，企业应以科学有效的方法制定选址与设施布局的方案，使其发挥最大效用。

## （二）生产运作系统的运行与管理

生产运作系统的运行与管理主要指在生产运作系统的运行过程中，企业应如何根据顾客的需求，提供令顾客满意的产品和服务。其主要包括以下五方面的内容：

**1. 生产计划**

在企业确定了生产何种产品或提供何种服务以后，企业就需要一个生产计划来拟定产品的品种、质量和产值以及对生产进度进行规划。在生产过程中，只有拟定生产计划，才能保证企业能够按照计划有条不紊地进行生产。

**2. 采购管理**

任何企业都不可能自行生产其所需的全部原材料、生产工具、办公用品等，因此企业需要向供应商进行采购。总体来说，采购管理是对企业的整个采购过程进行计划、组织、指挥、协调和控制的过程。采购管理保障了企业的物资供应，并对企业的成本产生影响。

**3. 库存管理**

无论是制造业还是服务业都会遇到库存问题。库存管理是企业生产运作管理活动中的一个必要环节。高效的库存管理有助于企业提高库存系统的服务水平，并且能够降低企业的生产成本及经营风险，从而使企业获得竞争优势。

**4. 供应链管理**

目前企业的竞争已由产品竞争转向供应链竞争。供应链管理是现代企业管理必不可少的组成部分，是一种集成的管理思想与方法，并执行供应链中的产品流、信息流、资金流、价值流的计划、组织、控制等职能。

**5. 企业资源计划**

在当今经济全球化和信息全球化的时代里，企业的供需关系已扩大到全世界的范围，因此企业应该运用企业资源计划，管理供应链上的所有供应商和客户的信息，实现供应链上信息流、物流、资金流、价值流和业务流的有机集成。

**（三）生产运作系统的改善**

生产运作系统的改善是为了快速响应消费者的需求变化，提升生产运作系统的运作效率，并且进一步提高企业的竞争力。生产运作系统的改善的主要内容是质量管理。

企业所生产的产品最终是要被顾客使用的，若产品的质量出现问题，将造成大量的顾客流失，企业也将承受损失。质量是企业生存的根本，质量管理是企业改善生产运作系统的关键，是企业获得持续竞争优势的源泉。

# 第二节　生产运作系统的分类

生产运作系统是一个投入—产出系统，其职能就是将一系列投入转换为社会和用户所需要的产出。

**——佚名**

从最终产品性质的角度出发，生产运作系统可以分为两类，即制造性生产系统与服务性生产系统。

## 一、制造性生产系统

制造性生产系统主要是指通过物理或化学作用将有形原料转化为有形产品的过程。根据生产方法和工艺流程的性质，制造性生产可分为流程型生产和加工装配型生产；根据组织生产的特点，制造性生产可分为备货型生产和订货型生产；根据生产数量的特点，制造性生产可分为大量生产、单件小批量生产和成批生产。

### （一）流程型生产和加工装配型生产

#### 1.流程型生产

流程型生产是指原材料依据产品自身的工艺顺序，均匀、连续地通过一定工艺设备的生产，如制药厂、日化厂、织布厂、卷烟厂、玻璃厂等。在流程型生产方式下，生产的自动化程度高，生产设备普遍集中于同一地点。

**2. 加工装配型生产**

加工装配型生产是指原材料不按照产品自身的工艺顺序，而是离散地进行装配生产，如电脑、电冰箱、飞机、轮船、军舰等。在加工装配型生产方式下，生产设施布局分散。目前，很多企业采用这种生产方式在全球范围内进行产品的加工和装配。

**（二）备货型生产和订货型生产**

**1. 备货型生产**

备货型生产是指企业在没有接到顾客订单时，根据自身的市场预测安排生产，以满足未来顾客订货的需要，如空调、电吹风机、微波炉、电动剃须刀等日常用品。需要注意的是，如果没有从顾客需求的角度进行市场预测，企业就可能面临产品大量积压、供过于求的情况。

**2. 订货型生产**

订货型生产是指企业根据顾客订单的要求进行生产，例如大型的设备仪器、特定性能的计算机、轮船制造等。与备货型生产相比，订货型生产的生产效率低，市场需求量小。通常，采用这种生产方式的企业具有特定的顾客，并严格地按照顾客的需求来安排生产，准时交货。

**（三）大量生产、单件小批量生产和成批生产**

**1. 大量生产**

大量生产是指产品生产的数量大且在流水线生产中，根据一定的在制品的完成时间间隔来进行加工或装配。能够进行大量生产的产品通常具有稳定、社会需求量大的特点。如微波炉、电冰箱等日常家用电器以及灯泡、电池、轴承等标准零部件。由于大量生产具有稳定、数量大、专业化程度高等特性，所以可以运用高效专用设备，采用生产线和流水线的生产组织方式来组织生产。

**2. 单件小批量生产**

单件小批量生产是指生产的产品基本上是需求较少的专用性产品，单件小批量生产是典型的订货型生产。

单件小批量生产的生产类型适用于那些生产对象经常变化、生产专业化程度低的产品。因此，企业必须选用通用设备，采用集群式布置的生产组织方式，抓住各产品中的关键部件，合理安排生产资源的投入以及关键零部件的生产进度。采用这种生产类型的企业以重型机器制造、大型发电设备制造、远洋船舶制造等为典型代表。

### 3. 成批生产

成批生产是指在一定的时间里，按照一定的产品数量，分批次地轮流生产若干产品。

成批生产的特点介于大量生产和单件小批量生产之间，它的生产对象是通用产品。由于批量不大，成批生产又可分为"大批生产"、"中批生产"、"小批生产"。在生产组织方式上，成批生产更接近于小批生产，应采用集群式布置。

三种方式各有优缺点：大量生产，产品品种少，产量大，生产过程长期稳定地重复进行；单件小批量生产，产品种类繁多，每种产品的生产量较小，生产重复率低；成批生产，产品品种较多，分批生产相同的产品，生产呈现周期性重复。

## 二、服务性生产系统

服务性生产系统是指将企业的资源经过一系列转化，最终产出无形产品的过程。服务性生产系统产出的无形产品通常是指其所提供的服务。服务是企业为满足客户的需求而提供的一种社会性的活动，主要包括设备维护、医疗、法律咨询、金融咨询、贸易、娱乐、教育、房地产、交通等。

按照与顾客接触的程度分类，服务性生产可分为高接触型服务和低接触型服务两种基本类型；按照服务系统的技术特征分类，服务性生产可分为技术密集型服务和人员密集型服务两大类；按照顾客的需求特性分类，服务性生产可分为通用型服务和专用型服务两类。

**（一）高接触型服务和低接触型服务**

1. 高接触型服务

高接触型服务是指需要与顾客保持较高的接触程度的服务，如医院里医生的诊断与手术、学校里教师的教学等。高接触型服务的质量与效率取决于服务人员的专业技术以及个人素质。如学校里的老师向学生传授知识时，不仅要具备丰富的专业知识，而且要有良好的表达能力与沟通能力，同时还要根据不同学生的特点，对他们进行针对性的辅导，这样才能使学生得到知识的提高以及人格的完善。

2. 低接触型服务

低接触型服务是指与顾客保持较低的接触程度就可以完成的服务，如医院的挂号、传呼台的信息服务、邮局的邮递服务等。低接触型服务通常已经经过了系统化与标准化的处理，服务人员只需借助服务系统就可以完成大量的服务工作，且服务过程中顾客的必要参与极少。

**（二）技术密集型服务和人员密集型服务**

1. 技术密集型服务

技术密集型服务是指在采用专业技术以及投入大量设备的基础上所提供的一系列服务，如银行、医院、通信业等提供的专业服务。

2. 人员密集型服务

人员密集型服务是指以人员投入为主的服务，例如，餐厅、酒店、理发店、商场等提供的专业服务。

**（三）通用型服务和专用型服务**

1. 通用型服务

通用型服务是指针对一般的日常社会需求所提供的服务，如银行、商场、餐厅、宾馆等提供的服务都属于通用型服务。

2. 专用型服务

专用型服务是指针对顾客的特殊需求所提供服务，如会计师事务所、咨询公司、证券公司、医院等提供的服务属于专用型服务。

## 三、制造性生产系统与服务性生产系统的区别

### (一)质量影响因素不同

制造性生产系统关注于产品的生产制造环节,其工作人员很少会与客户进行接触与交流,因此制造性生产系统的技术水平、工艺流程设计水平与设备管理水平等是影响产品质量的重要因素。而服务性生产系统的运作职能常与营销及客户关系职能相结合,因此服务性生产系统与客户接触的程度较高,服务的质量很大程度上取决于工作人员的表达能力、沟通能力及个人素质水平。

### (二)质量衡量标准不同

制造性生产系统通常以产品的达产率、合格率、废品率等来作为衡量产品质量的标准。而服务性生产系统则难以建立一个统一的质量衡量标准,如可以通过比较设备维修前后的性能差别来评价某位维修工人的设备维修质量,但是我们难以规定厨师炒菜时翻炒了多少下才算是达到质量标准。

### (三)生产率的测定标准不同

由于制造性生产系统生产的是有形的产品,因此能够用产品制造的数量来计算生产率。而服务性生产系统产出的是无形的产品,因而难以去测定其生产率。如管理咨询公司提供的是口头的咨询建议,我们难以测量其生产率。

### (四)库存的调节不同

制造性生产系统在运作的过程中会产生大量的成品库存,并能通过库存调节来应对需求的变动。而服务性生产系统通常是生产与消费同时进行,很多时候是没有库存产生的。如医院不能在其闲暇的时候将其医疗服务存储起来,等到需求高峰期时,再增加大量的医疗服务。

# 第三节  本书的内容结构

为了使本书内容的逻辑结构更加清晰，特给出本书的内容结构，如图 1-1 所示。

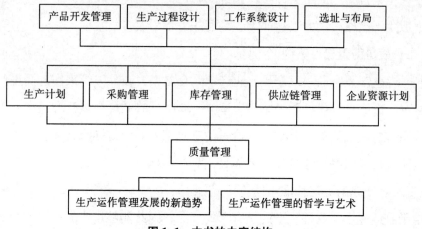

**图 1-1  本书的内容结构**

## 本章小结

生产运作管理是企业系统中的核心部分。随着信息技术的进步，企业的经营环境和生产方式也发生了巨大的变化。总的来说，生产运作管理是一个对生产运作系统进行设计、运行及改善的过程。从最终产品性质的角度出发，生产运作系统可以划分为制造性生产系统和服务性生产系统。但无论是何种生产系统，生产运作管理的目标都是高效、灵活、准时、清洁地为客户生产合格的产品或为客户提供优质的服务，从而保证生产运作系统能够正常顺利地运行。

# 第二章 产品开发管理

## 维纳斯——吉列新型女用可水洗剃刀开发

吉列是国际上刀片和剃刀领域的知名品牌。一直以来，吉列公司都高度重视新产品的开发，善于把新产品迅速推向市场，从而以差异化优势获得收益。2001年，吉列公司在市场上推出一款新产品——维纳斯新型女用可水洗剃刀。这款新产品推出不久，就成功地占领了45%的市场份额，为吉列带来巨大的利润。

吉列公司对这一款女用剃刀进行了众多的创新性设计。维纳斯的开发就采用了吉列的50多项专利。相比其他同类产品，维纳斯的创新之处主要包括：

（1）设计长而光滑的手柄，抓握更方便；

（2）在刀面设计软垫，减少剃刀时皮肤受到的摩擦；

（3）设计新剃刀刀架，方便置于浴缸或淋浴房；

（4）采用指示灯设计，从而提示使用者润滑油已用完等。

吉列在维纳斯的设计与研发过程中投入了3亿多美元，并把一些供应商整合起来一起设计，制造了可放在零售商店出售的独特包装。这也是维纳斯成功的另一个原因。

吉列的新产品能够快速地进入市场，并获得较大的市场份额及经济收益，这一切都离不开吉列卓越的产品开发与生产流程设计。

资料来源：Maremont，Mark. Gillette's Venus Razor for Women to be Born Amid a Big Ad Drive[J]. Wall Street Journal，Nov.11，2000.

【案例启示】在当今全球竞争日益激烈与科技日益发达的大环境下，企业要保持竞争优势，获得持续收益，就必须集中资源，不断地设计、开发并推出新的产品，并快速而有效地将其导入市场，满足不断变化的市场需求。而这一切的实现则有赖于一套完善的产品开发与生产流程设计。

本章您将了解到：
● 新产品的概念及发展方向
● 新产品开发方式和开发步骤
● 新产品设计的内涵及方法
● 生产流程的分类及影响生产流程设计的主要因素

# 第一节  新产品开发

可持续竞争的唯一优势来自于超越竞争对手的创新能力。

——詹姆斯·莫尔斯

## 一、新产品的概念

从不同角度出发，新产品的定义具有不同的描述。一般来讲，新产品应该在性能、质量、材质等方面具有创新性，或与老产品相比具有先进性。所谓创新性，是指产品与竞争对手产品相比具有别具一格的特色；所谓先进性，是指产品由于使用了新技术或新材质，使其与老产品相比具有先进性。

### （一）全新产品

全新产品是指与现有产品毫无一致的产品，它使用了新技术、新工艺、新材质等。一般来讲，全新产品是新技术的商业化结果。

## （二）改进新产品

改进新产品是指对现有产品的性能、质量、款式花样等进行改进而产生的新品种。

## （三）换代新产品

换代新产品是指在原有产品的基础上进行更新换代，使其具有新的性能，满足客户新的需求。如从 GSM 手机到 GPRS 手机，又到 3G、4G 手机。

创新与风险并存，创新的幅度越大，不确定性越大，风险就越高。全新产品一般是在新技术实现商业化之后才出现的。全新产品的开发风险较高，花费成本较高，许多企业为了避免这种损失，一般在新产品开发上主要以改进新产品和换代新产品为主。

【拓展阅读】

### 新产品开发的条件

企业在开发新产品时，为了有效地控制风险，开发的新产品必须符合以下条件：

（1）符合客户需求。

（2）适应国家产业政策的变化。

（3）具有设计和制造的可能性。

（4）具有经济性等。

## 二、新产品的发展方向

企业开发新产品一般具有以下几个发展方向：

### （一）多功能化

企业可以通过扩大某一产品的功能来获得新产品。如 mp5 扩大单纯音乐播放器的音乐播放功能，增加了视频播放的功能。

### （二）微型化、轻便化

企业可以通过缩小产品体积，减轻产品重量来获得新产品。如电脑的体积和重量越来越小，趋于微型化、轻便化。

### （三）复合化

企业可以通过对若干功能各异的产品进行巧妙的组合，从而获得具有复合化功能的新产品。如集通信、上网、照相、录像等功能为一体的智能手机，集打字、储存、计算、印刷等功能为一体的便携式文字处理机等。

### （四）简易化

企业可以通过简化产品结构，减少零部件应用，加强产品性能，使其更易操作，从而获得新产品。这种新产品同时可以降低产品的生产成本，获得更好的经济效益。如美国苹果公司推出的 iPhone 手机凭借其操作简易化、人性化的优点，风靡市场，并取得强大的竞争优势。同时，使产品的零部件标准化、系列化、通用化也是简易化的一个重要途径。

### （五）智能化

企业可以通过产品智能化获得新产品，即将复杂的知识和技巧转化为产品本身的功能，使其更易操作。数码相机就是一个智能化的典型例子，以前使用相机需要经过专门的培训和学习，而现在使用的数码相机只要轻轻一按就可以，不需要太繁杂的知识和技巧，省去很多时间和精力。

### （六）艺术化、品位化

企业可以通过改善产品样式、色彩、质感等来获得新产品，这种新产品更体现艺术性，更有品位。如人们对汽车、电视、家具不仅要求其本身功能的满足使用，还要求其具有观赏性，甚至连洗衣机、电脑桌、垃圾桶等普通的日用品，也在努力以良好的外观形象吸引客户。

## 三、新产品开发动力分析

新产品开发主要具有两个动力，即市场需求拉动和技术推动。

### （一）市场需求拉动

市场需求拉动主要是指企业根据市场调查，发现顾客需求的变化以及新的需求，然后沿着顾客需求的方向进行新产品开发。消费者需求为产品开发指明方向，任何的商品都是为消费者而开发的。消费者需求的变化主要体现在对新产品的要求上，或者是对某产品的性能和质量等有更高的要求。

### （二）技术推动

技术推动主要是指从最初的科学研究出发来开发新产品，通过技术的改进或利用新技术，使得研发的新产品具有可操作性和可实现性。如盘尼西林就是在进行结核菌的培养过程中发现，并进而开发成产品。

**【拓展阅读】**

### 市场需求拉动与技术推动比较

市场需求拉动和技术推动很难说哪一个是新产品开发的主要动力。因为在这个复杂多变的市场中，市场需求是产品开发的源头，没有它，新产品开发就变成了无本之木。但是市场可以通过新技术产品来创造，并由此带动更多的相关联市场的出现。如汽车、数码相机、电话、计算机等产品的出现，创造了一个个大的市场。正如日本索尼公司的创始人——盛田昭夫所说："我们的政策，并不是先调查消费者喜欢什么产品，然后再投其所好，而是以新产品去吸引他们进行消费。"

因此，市场需求拉动和技术推动并不需要一较高下，而是共同促进新产品的开发。企业进行新产品开发是以市场需求拉动为主，还是以技术推动为主，还是两种方式结合运用，关键是企业需要客观地评价自身的实力，并且根据市场环境的变化，选择适合自己的方式去开发新产品。

## 四、新产品开发方式和开发步骤

### （一）新产品开发方式

**1. 独立研发**

独立研发是指企业依靠自身的力量对技术进行更新，进而开发出新产品。

**2. 技术引进**

技术引进是指企业通过购买他人的先进技术或成果来实现新产品的开发。

**3. 研制与技术引进相结合**

研制与技术引进相结合是指企业既利用自身的力量做研发，同时又引进外部的先进技术并将其与现有技术进行结合。引进的技术为企业的研发提供了条件，而自主研发也加速了企业对引进技术的消化。

**4. 协作研究**

协作研究是指企业与其他相关单位共同开发新产品。这些单位可以是其他企业，也可以是科研机构或高等院校，通过这种合作能够更有效地利用社会中的科研力量。

**5. 购买专利**

购买专利是指通过购买他人的产品专利来实现新产品的开发。

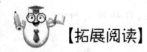

**【拓展阅读】**

#### 新产品开发需要注意的问题

产品构思。新产品的构思是否能够满足消费者潜在的和现实的需求？是否能够满足市场需求的变化？新的技术发明能否转化为现实的产品？

产品的开发成本。生产新产品是否需要更新设备？旧设备如何实现折旧？厂房、仓库是否需要扩建？批量生产的平均成本在市场中是否具有竞争力？

产品的生命周期。新产品的生命周期有多长？各个时期的预计销售量为多少？新产品停留在成熟期的时间有多长？

不同的新产品开发方式，适应于不同的环境和条件。企业应该根据自身的特点，如自身的技术、资金、发展期以及行业地位等，分析市场需求的变化情况，因地制宜地选择最合适的产品开发方式，有效地控制产品开发过程中的风险，提高其成功的可能性，从而获得企业的持续竞争优势。

### (二) 新产品开发的步骤

一般来讲，新产品开发需要经过以下几个步骤：

#### 1. 可行性研究阶段

这一阶段，企业首先需要提出新产品的构思方案，它包括对新产品的原理、结构、材质、工艺过程以及新产品的性能指标、功能、用途等多方面的设想。然后对构思方案进行分析、评价、筛选，最后确定方案。

#### 2. 产品设计及审定阶段

方案确定后，企业就需要对新产品进行初步的设计。产品设计包括产品结构的确定、零部件的划分以及生产系统的装配设计等。接着，企业需要对产品设计的技术构思进行分析和审定，以确保产品设计符合要求。

#### 3. 试制及试销阶段

在正式大批量生产前，企业应通过试制对新产品的性能、开发技术、生产过程进行评价，不断改进直至符合构思要求。试制的产品可以通过试销来检验产品的市场反应，反馈的意见能够有助于新产品的不断改进和完善，从而为开发决策提供依据。

### 4. 批量生产阶段

新产品符合产品构思并确认未来市场后，企业就可以进入批量生产阶段。批量生产的实现有赖于完备的技术、工艺和设备条件、顺畅的原材料供应系统以及配套的分销渠道等。

# 第二节　新产品设计

无论是制造新产品还是改造老产品，产品设计都是一项复杂而细致的工作。它直接影响着成本、生产周期等，是决定产品质量的关键环节。

**——佚名**

## 一、新产品设计的内涵

新产品开发为企业提供了一个新产品的概念框架，而新产品设计则是以这一概念框架为基础，将新产品的构思转化为新产品具体的结构、材料、性能、零部件组成、技术要求、工作图纸等。新产品设计是新产品开发管理的核心环节，它为企业明确了新产品的设计任务，并确定了新产品的具体结构，为新产品的商业化推广打下夯实的基础。

新产品设计应遵循以下原则：

（1）根据客户需求来设计产品或服务。

（2）设计的新产品要具有较强的可制造性。

（3）设计的新产品要具有可靠性与稳定性。

（4）设计的新产品要符合环保要求。

## 二、新产品设计的程序

新产品设计从确定设计任务开始到确定产品的具体结构结束。新产品设计的程序主要包括三个阶段，即总体设计、技术设计、工作图设计。

### （一）总体设计

企业根据客户的需求，对新产品进行总体设计，并制定总体设计任务书，对新产品的类型、性能、结构、用途、技术参数等进行定义，从而确定总体设计方案，并对设计过程的主要工作做出安排和部署。

总体设计主要包括以下内容：

（1）定新产品的基本类型及应用范围。

（2）定新产品的结构、性能及技术参数。

（3）对新产品设计方案的经济效益进行科学的估算，分析经济指标。

（4）新产品设计的可行性分析。

### （二）技术设计

技术设计是在总体设计的基础上，确定新产品的具体结构、尺寸、零部件组成等，并将技术参数及经济指标具体化，编写出各种计算数据和技术资料，确定生产工艺和标准。

### （三）工作图设计

工作图设计是在技术设计的基础上做进一步结构细节设计，其主要任务是为新产品试制和批量生产绘制生产过程中所需的全部图纸，并为产品的加工和装配提供准确的技术文件，如产品结构总图、组成零部件图和产品使用说明等。工作图设计是新产品设计的最后一道程序，该程序完成以后，企业就可以依据工作图的要求，投入到新产品的生产中。

## 三、新产品设计的方法

### （一）模块化设计（Building Block Design）

模块化设计是一种以零部件、标准件、通用件等为基础，以组合的方式进行产品设计的方法。进行模块化设计时，首先要保证其零件是标准化及通用化的，并在此基础上，设计一系列可互换的模块，然后根据生产需要，对这些模块进行组合，从而形成新产品。如汽车生产企业设置有一系列的模块，如油箱、底盘、发动机、引擎等，对这些模块进行组装，能够生产出不同型号的汽车。

模块化设计的优点是减少了零部件的数量，使产品的制造和装配更加便捷；简化了产品设计的过程；使产品故障能够更容易地诊断和维修；降低了生产成本和维修成本。其缺点是减少了产品的种类；在更换损坏部件时，易出现模块组件不能拆卸的情况。

### （二）计算机辅助设计（CAD）

计算机辅助设计是指利用计算机技术进行交互式的产品设计。计算机辅助设计的主要功能是设计计算和三维制图，从而便于设计人员对复杂的产品设计进行快速的操作、分析和修改，并对成本进行相应的估算。目前很多产品的设计都是采用这一技术，如汽车零件、组装电路、变压器、发动机等。

计算机辅助技术的优点是提高新产品设计的效率，并具有较强的操作性；易于修改，便于后期处理；通过建立数据库，为设计人员提供各种产品设计的信息，如产品几何结构，零部件尺寸、材料规格等。

### （三）并行工程（CE）

并行工程是指对产品的设计过程、制造过程及其相关过程进行一体化及并行交叉设计的方法。传统的产品设计采用的是串行的设计方法，这种方法往往会使产品的设计与产品的制造难以衔接，从而造成产品设计要经过多次修改，并容易造成设计效率低下，成本偏高等现象。而并行工程则考虑到了产品生命周期的所有因素，并将设计、制造、销售等相关领域的技术人员集合起来，全员共同参与产品结构及流程的并行交叉设计，从而达到缩短产品开发周期，提高产品设计效率、降低产品成本的目的。

并行工程的优点是有利于产品设计人员与产品制造人员共同合作，使产品更具有可制造性；能够提高产品的设计效率，缩短产品开发周期，降低产品成本；有利于解决产品质量问题和技术问题。其缺点是产品设计人员与产品制造人员在进行实际合作时容易产生矛盾。

### （四）虚拟现实技术（VR）

虚拟现实技术是一种利用计算机及三维图形技术对复杂的数据进行交互化操作的设计方法。虚拟现实技术是在计算机辅助设计的基础上产生的，并集成了人工智能、显示技术、计算机仿真技术、计算机图形（CG）技术、传感技术、网络并行处理等技术，目前在军事航天、工业仿真、设施规划、医学等领域的产品设计中得到一定的应用。

虚拟现实技术的优点是使产品的设计具有更强的针对性和交互性；提供可视化的操作环境，使产品设计的效果更好；有利于对产品设计进行仿真模拟，为企业的决策提供依据；能够更方便地对产品设计做出改动。

# 第三节　生产流程设计与选择

生产流程设计与选择的目标是：在一定的资源约束条件下，更有效、更高效地把企业的投入转化成企业的产出。

——佚名

## 一、生产流程的分类

根据生产类型的不同，生产流程主要分为以下三类：

### （一）对象专业化

对象专业化是指按照产品或零部件的不同来设置生产单位。以汽车制造厂为例，在对象专业化的生产流程下，制造厂中有专门的发动机车间、底盘车间、电子产品装配车间、总装配车间等。这种生产流程适用于大量大批生产。

对象专业化的优点是能提高生产流程的连续性，缩短了周期，减少了在制品的占用；便于生产管理。其缺点是对产品品种变化的适应性差；不利于生产面积和设备能力的充分利用；工艺设备的管理较复杂。

### （二）工艺专业化

工艺专业化是指在生产过程中按照各个工艺阶段的特点来设置生产单位。在这样的形式下，一个生产车间里可以完成各种产品的同一工艺阶段，并且每一个生产车间只完成产品生产过程中的部分加工任务，如机械制造中的切割车间、热处理车间、喷漆车间、电镀车间等。这种生产流程适用于单件小批量生产。

工艺专业化的优点是对产品品种的适应力较强；设备的利用率高；有助于工人技术水平的提高；便于专业化管理。其缺点是一个产品或零部件需要经过多个生产单位才能完成；容易延长生产周期；增加了在制品的占用；生产管理复杂。

### （三）成组生产

成组生产是适用于多品种、中小批量的一种生产组织形式。采用成组生产时，需要将所有的产品零件、部件进行分组并以组为单位进行组织和生产。其中，分组的标准是零件结构形状和工艺上有一定的相似性。

这种方式把那些各不相同但又有部分相似零部件的产品集合起来统一处理，从而减少了生产流程上的重复劳动，也提高了生产流程的工作效率。这一技术将在第三章中有详细介绍。

## 二、影响生产流程设计的主要因素

生产流程设计是生产运作管理的重要一环，影响生产流程设计的因素如下：

### (一) 产品或服务的需求特征

生产流程设计首先要考虑产品特征或服务特征，从而明确产品或服务的需求。产品或服务的需求特征，如型号、尺寸、材料、数量、品种、季节性等，对生产系统的流程设计具有很大的影响。有的生产流程适用于单件小批量的产品生产，而有的生产流程适用于大批量的产品生产，因此企业应该根据产品或服务的需求特征，合理地设计生产流程。

### (二) 自制或外购决策

企业需要决定产品零部件是自制还是外购。一般来讲，企业需要从产品成本、生产能力、生产周期和生产技术等几个方面综合考虑，然后做出自制或外购决策，而且这些决策会相应地对生产流程的设计产生影响。

### (三) 生产系统柔性

生产系统柔性主要从品种柔性和产量柔性两个方面进行衡量：

#### 1. 品种柔性

品种柔性是指生产系统快速转变产品品种的能力，即生产系统从生产一种品种快速地转换为生产另一种品种的能力。在多品种小批量生产的情况下，企业对生产系统的品种柔性要求较高，如生产设备应该具有加工多种产品的能力。

#### 2. 产量柔性

产量柔性是指生产系统快速转变产品产量的能力。在市场需求不确定，订单变动较大，或者产品不能依靠库存来调节供需矛盾的情况下，企业需要设计产量柔性较高的生产系统，从而迅速地响应市场需求的变化。

### (四) 产品或服务的质量水平

产品或服务的质量水平会制约着生产流程的设计，什么样的质量水平决定了采用什么样的生产设备，如高质量水平往往会要求比较先进的设备。

**（五）接触顾客的程度**

在很多现代化流程的设计中，顾客已经是生产流程中必不可少的一部分。因此，生产流程的设计必须考虑到顾客的参与程度，尤其是服务性行业的生产流程设计。对于一些顾客接触程度较高的企业，如旅馆、美容院、理发店等，顾客是其生产流程设计的核心，这些企业应注重设施布局及业务流程的优化，从而为顾客提供个性化的服务；而对于一些顾客接触程度较低的企业，如邮局、银行、通信企业等，企业的服务已经标准化或者基本标准化，那么生产流程的设计则应注重成本的降低以及效率的提高。①

## 三、生产流程的选择决策

### （一）生产单位形式决策

生产流程的选择需要考虑产品批量的大小以及品种的多少。图 2-1 显示了不同的批量—品种组合所适合的生产流程。

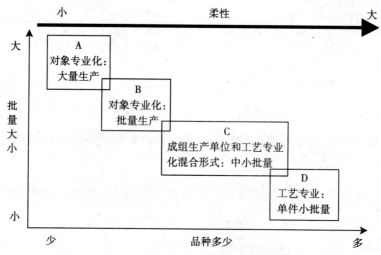

**图 2-1　批量–品种组合的生产流程选择**

---

① 陈志祥. 现代生产与运作管理 [M]. 广州：中山大学出版社，2003.

（1）A区域：此区域产品批量最大，品种最少，柔性最小，应选择对象专业化生产流程的大量生产模式。

（2）B区域：此区域产品批量与A区域相比有所下降，而品种数量也有所增多，但柔性程度还是不算大，应选择对象专业化生产流程的成批生产模式。

（3）C区域：此区域批量逐渐变小，品种逐步增多，柔性也不断变大，并且采用的是多品种中小批量的生产方式，因此选择成组生产和工艺专业化相结合的生产流程较为合适。

（4）D区域：此区域批量最小，品种最大，且柔性最大，其对应的是单件小批量的生产方式，应选择工艺专业化的生产流程。

**（二）经济决策**

生产流程的选择还需要考虑到成本的因素，其中，成本包括固定成本及可变成本。图2-2显示了不同生产流程的成本变化，横轴表示产量，纵轴表示成本，产量为零时，企业的成本为固定成本，随着产量的增减，企业的成本也有所变化。

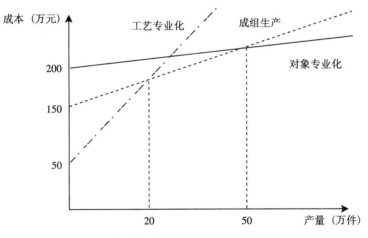

**图2-2　不同生产流程的成本变化**

以图2-2的数字为例，工艺专业化的生产流程固定成本为50万元，成组生产的固定成本为150万元，对象专业化的固定成本为200万元。固定成本与生产系统对自动化加工设备和自动化物料搬运设备的要求有关，由图可知，对象专业化生产流程的固定成本最高，因此其对初始设备的要求最高。

通过图 2-2 还可以比较三种生产流程的可变成本的大小。工艺专业化的成本函数斜率最大，因而其可变成本最大，而对象专业化的成本函数斜率最小，其可变成本最小，成组生产的可变成本介于这两者之间。

由图 2-2 可知，当生产产量小于 20 万件时，企业选择工艺专业化的生产流程能够使总成本最低；当生产产量介于 20 万~50 万件时，企业选择成组生产的生产流程能够使总成本最低；当生产产量大于 50 万件时，企业选择对象专业化的生产流程能够使总成本最低。

## 本章小结

本章主要介绍了新产品的开发与生产流程设计的相关内容。激烈的市场竞争迫使企业不断推陈出新。新产品开发的步骤主要包括：可行性研究阶段、产品设计及审定阶段、试制及试销阶段以及批量生产阶段。而新产品的构思能否实现则取决于新产品设计环节。完成了新产品设计后，企业就需要根据产品的批量大小、品种数量以及成本因素来确定产品的生产流程。

# 第三章　生产过程设计

## A 公司的生产过程改进

2009 年，某机电生产企业 A 公司对其生产过程实施成组技术，使生产过程得到改进，并提高了生产效率，从而获得了明显的收益。

成组技术是指通过利用产品或零件之间的相似性和继承性，将产品或零件进行分组，然后按照产品组或零件组制定相应工艺进行加工的技术。A 公司采用成组技术对所有的非标准零件都进行了编码与分类，从而建立了零件数据库。新零件的结构设计、工艺过程制定、生产准备、加工等工作流程都严格参照编码相同或相近的零件技术文件进行。成组技术不仅能够提高生产效率，同时还保证了生产过程的准确性，从而提升了产品的质量。

成组技术的采用，大大地降低了生产成本，缩短了产品生命周期，提高了产品的质量。由此可见，生产过程的优化使得企业的市场竞争力获得了进一步提升。

资料来源：胡海燕，叶飞帆.基于成组技术的精益生产方式及实例[J].宁波大学学报（理工版），2007（4）.

【案例启示】生产过程的改进使得 A 公司的生产过程更趋合理化、高效化，随之而来的是产品生产周期的缩短、成本的降低以及产品质量的提升。由此可见，合理的生产过程是保证企业生产得以顺利实施的基础，同时也是企业的利润增长点。

本章您将了解到：

● 生产过程的内容及合理组织生产过程

● 流水线生产的内涵、特征及分类

● 流水线组织及设计

● 成组技术的基本原理

● 柔性制造系统

# 第一节　生产过程概述

企业生产运作管理的一项重要任务，就是分析其生产过程的特点并根据不同的生产类型采取相应的生产组织形式。可以说，企业生产过程管理是企业生产运作管理的基础性工作。

——佚名

生产过程是企业整个业务流程中的一个重要组成部分。生产过程主要是指从投入原材料开始，经过一系列的加工，直至生产出成品的全过程。企业在进行生产过程设计时可以选择流水线生产、成组技术以及柔性制造系统这三种方式，这部分内容将在本章的第二节及第三节继续介绍。

生产过程是企业的一个重要环节，但不是唯一的环节。因此，在了解生产过程之前，有必要对企业的业务流程进行了解。

## 一、 企业的业务流程

企业的业务流程是指企业为达到特定的价值目标而按照一定顺序完成的一系

列活动，活动的内容、完成方式、完成人员及活动责任等都有明确的规定。其特定输入和特定输出之间具有一定关系。我们可以通过图3-1来了解业务流程的相关活动以及各个活动之间的相互关系。

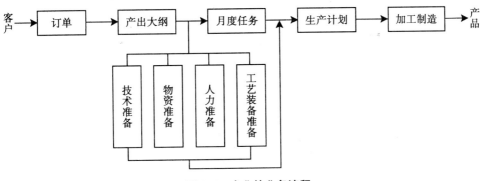

**图3-1 企业的业务流程**

在图3-1中，销售部门完成接订单、编制产出大纲和月度任务书等活动；技术部门负责技术准备的活动及工艺装备准备的活动；物资供应部门负责物资准备的活动；人力部门负责人力准备的活动；生产管理部门制定生产计划；各加工车间负责产品的加工制造。在整个业务流程中，需要各业务部门的共同努力，才能完成客户的订单。

从技术准备开始到产品制造完毕的过程称为生产过程。从接受订单到产品交货所持续的时间称为交货提前期，这是一个重要的竞争力参数。生产过程所持续的时间是交货提前期的主要组成部分。为了保证企业的各项业务工作能够顺利执行，使交货提前期尽可能缩短，部门之间的工作衔接必须尽可能地做到最好。

## 二、生产过程

### （一）广义的生产过程

广义的生产过程包含了生产技术准备、加工制造、辅助生产和生产服务等企业范围内全部生产活动的总和，即围绕完成产品生产的一系列有组织的生产活动。广义生产过程的组成部分及各部分的关系如图3-2所示。

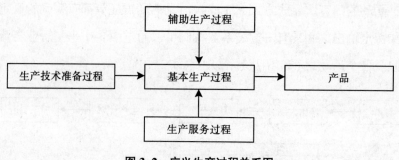

图3-2 广义生产过程关系图

**1. 基本生产过程**

通常所说的基本生产过程是指加工制造过程，它是企业生产活动中最基本的过程，是生产活动的主体。基本生产过程直接改变劳动产品的物理性质和化学性质，使其形成公司所要的产品，同时也形成了产品的性能、质量和成本。按照生产过程工作性质的不同，又可将基本生产过程分为工艺过程、检验过程和运输过程。

**2. 生产技术准备过程**

生产技术准备过程即产品投产前的各种技术准备工作，如产品设计、工艺设计、打样确认、材料准备与劳动定额的制定、设备布置等。

**3. 辅助生产过程**

辅助生产过程即为保证基本生产过程的正常进行而从事的各种辅助性生产活动，如设备维修、供电供水供气、工具制造等活动。

**4. 生产服务过程**

生产服务过程即为保证生产过程的正常进行而提供的各种服务性活动，如物资供应、运输服务、产品检验、仓库保管等。

在广义的生产过程中，基本生产过程处于生产的核心地位，其他部分都是围绕基本生产过程进行的。

**（二）狭义的生产过程**

狭义的生产过程是指从原材料投入到产品产出的加工制造过程。狭义的生产过程主要由不同工艺特性的生产阶段组成，这些生产阶段通常称为工艺阶段。不同工艺阶段所需的物质生产要素及技术条件是有区别的，因而其管理方式也各不相同。工艺阶段由一系列作业活动所组成，这些作业活动又称为工序。工序主要是指工人在一台设备或一个工作地点上对零部件或半成品等生产对象进行连续加工或装配的工艺过程。企业通常根据实际的生产需要而进行工序的划分和设计。[①]

### （三）生产过程的时间组成

生产过程的时间组成如图 3-3 所示。在一定范围内，生产过程的时间越短，企业的生产过程效率及管理效率就越高，从而就更有利于提升企业的竞争力。因此，缩短生产过程的时间是生产运作管理的一项重要工作。

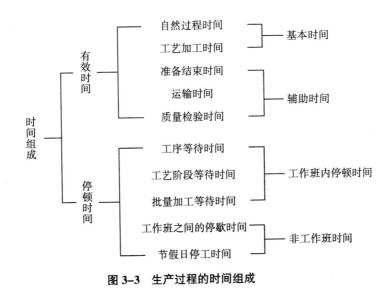

**图 3-3　生产过程的时间组成**

生产过程的时间由有效时间和停顿时间两部分构成：

（1）有效时间是生产过程中作用于劳动对象所消耗的时间，其中包括基本时间和辅助时间两部分。基本时间是指使劳动对象发生物理和化学变化所不可或缺的时间，而辅助时间是生产活动消耗的正常时间，这两者构成了生产过程的

---

① 龚国华. 生产与运营管理——制造业与服务业［M］. 上海：复旦大学出版社，2003.

有效时间。

（2）停顿时间在生产过程中与产品的形成没有任何关系，但是它又是生产过程中不可避免的时间消耗，停顿时间由工作班内停顿时间和非工作时间组成。

在整个生产过程中，有效时间所占比例很小，而停顿时间却占了绝大部分。因此，在组织生产过程设计中应尽量减少停顿时间，增加有效时间，这样可以增加生产过程的连续性，缩短产品的生产周期，提高组织的生产效率。

## 三、合理组织生产过程

合理组织生产过程是把生产过程从空间和时间上很好地结合起来，保证企业能够优质、高产、低消耗、按期完成生产任务。合理组织生产过程需要注意以下几方面的因素：

### （一）生产过程的连续性

生产过程的连续性是指在空间和时间上，产品和零部件在每个生产阶段或每个工序之间的流动都能够做到紧密衔接，以保证生产过程中不产生或少产生不必要的中断、停顿和等待现象。生产过程的连续性能够有效地减少在制品数量，降低库存量，缩短产品的提前期，从而提高生产过程的效率。

### （二）生产过程的平行性

生产过程的平行性是指在生产过程中的各个工艺阶段和各个工序上，加工对象的生产应平行交叉地进行。

### （三）生产过程的比例性

生产过程的比例性是指对生产过程中的基本生产过程和辅助生产过程之间，以及对于基本生产过程中的各种工序、各种工段、各种设备、各个车间之间，在生产能力上保持适当的比例关系。生产过程的比例关系会随着实际生产条件的变化而改变，如需求变动会导致订单计划的变更，设备的引进或报废会导致生产能力发生变动等。对此，企业应迅速地对各种变化作出反应，采取相应的手段，合理地调整生产过程的比例，以保证生产的顺利进行。

### （四）生产过程的均衡性

生产过程的均衡性是指产品在生产过程的各个阶段，从投料到最后完工入库，都能保持按计划有节奏地进行。例如，要求每个车间在相同的工作时间内生产的产品数量相一致，从而避免生产的提前或者滞后。

生产过程的均衡性越高，生产秩序就越稳定，对生产过程的管理也就更容易掌控。而生产过程不均衡的现象则会造成忙闲不均，引发资源浪费，还有可能引发生产场地的安全事故。

### （五）生产过程的适应性

生产过程的适应性是指当企业生产的产品改型换代或者产品品种发生变化时，企业的生产过程能够迅速适应这种变化的程度。生产过程的适应性是企业应对市场需求不断变化的前提，只有具有强大的适应能力，企业才能在市场竞争中灵活应变。

# 第二节　流水线生产

流水线生产的终极目的是为了实现产品的"连续性价值流"。

——佚名

## 一、流水线生产的内涵及其特征

流水线生产，又称流水作业，是把高度对象专业化的生产组织与平行移动零件的方式有机结合起来，是一种被广泛采用的生产组织形式。简单地说，也就是指产品按照固定的工艺路线和速度，一件接一件连续不断地经过各个工作站，最终产出产品的一种生产方式。

流水线生产具有以下特征：

**（一）专业化程度高**

流水线上工作地的专业化程度高，只能固定地加工一种或者少数几种产品或零件。

**（二）明显的节奏性**

一般而言，流水线上间隔生产两件产品的时间是相等的，称为节拍。流水线都是按照某个固定的节拍进行生产。

**（三）工序的单件作业时间与工序的设备数之比一致**

假设流水线上各工序的工作地数（设备数）为 $S_1$，$S_2$，$\cdots$，$S_m$；各工序的单件作业时间为 $T_1$，$T_2$，$\cdots$，$T_m$，则：

$$\frac{T_1}{S_1} = \frac{T_2}{S_2} = \cdots = \frac{T_m}{S_m}$$

**（四）工艺过程是封闭的**

原材料只接受流水线上的加工，不接受外部加工。原材料按照产品工艺流程依次经过工作地，顺序移动。

**（五）具有高度的连续性**

流水线按照工艺的路线和速度，一件接一件连续不断地经过各个工作地，劳动对象在生产线上是单向流动，其连续性高。

**（六）提高时间利用率**

在流水线上，原材料从上一个工序加工完毕后立即进入下一个工序，减少了每个工序之间的等待时间。

## 二、流水线的分类

### (一) 按生产对象的移动方式分类

流水线按照劳动对象是否移动，可分为固定流水线和移动流水线。

（1）固定流水线是指生产加工的劳动对象是固定的、不发生移动的，而发生移动的是工艺设备，工艺设备按照固定的节拍移动到劳动对象上完成加工任务。

（2）移动流水线是指生产加工的劳动对象是移动的，而固定的是工艺设备，劳动对象按照固定的节拍通过工艺设备完成加工任务。在现代生产型企业中，移动流水线是常用的流水线。

固定流水线和移动流水线的比较如图 3-4 所示。

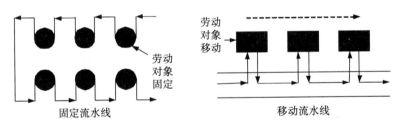

**图 3-4　固定流水线和移动流水线**

### (二) 按生产对象的数目分类

流水线按照其生产对象的数目，可分为单一品种流水线和多品种流水线。

（1）单一品种流水线是指流水线上的加工对象单一，只生产一种产品。

（2）多品种流水线是指流水线上的加工对象是不固定的，可以生产多种产品，这些品种的工艺是相似的，但规格不同。

### (三) 按生产对象的轮换方式分类

流水线按照生产对象的轮换方式，可分为固定流水线、可变流水线和混合流水线。

（1）固定流水线类似于单一品种流水线，只生产一种产品。

（2）可变流水线是指流水线按照批量生产产品，生产完一种产品再生产另一种产品。变换品种时需要调整工艺设备。

（3）混合流水线是指流水线不需要调整工艺设备，同时能够生产多种产品。

**（四）按生产对象的加工连续程度分类**

流水线按照生产对象的加工连续程度，可分为连续流水线和间断流水线。

（1）连续流水线是指产品从上一个工序转入下一个工序之间没有等待时间，生产加工过程没有等待和间断时间。

（2）间断流水线是指产品从上一个工序转入下一个工序之间存在等待时间，生产加工过程是不连续的，这主要是由于各道工序之间的劳动量不相等而造成的。

**（五）按节拍是否固定分类**

流水线按照节拍是否固定，可分为强制节拍流水线和自由节拍流水线。

（1）强制节拍流水线是指流水线上对工艺、操作工人和传送装置都有严格的时间要求。

（2）自由节拍流水线是指流水线上的每个工序存在缓冲区，每个工序对产品的加工时间由操作工人掌握，但各个工序必须按照节拍进行加工生产。

**（六）按劳动对象的运输方式分类**

流水线按照劳动对象的运输方式，可分为无专用运输设备的流水线和有专用运输设备的流水线。

**（七）按机械化程度分类**

流水线按其机械化程度，可分为手工流水线、机械化流水线和自动化流水线。

 【拓展阅读】

### 组织流水生产的必要条件

（1）品种稳定，流水线只能固定地加工一种或者少数几种产品或零件。

（2）产量足够大，流水线设备的投资往往会比较高，如果产量低，会达不到设备的负荷，设备利用率低，同时也不具有规模经济效应。

（3）产品结构和工艺相对稳定，因为流水线的工艺与设备是专业化设计的，标准化程度已经相当高。

（4）工艺过程既可划分为简单的工序，也可进行工序的细分与合并。

（5）原材料、在产品和协作件的标准化、规格化程度高，且按时供应。

（6）工艺设备处于良好状态，严格执行维修保养计划，使设备高效地正常运转。

（7）厂房和生产面积允许安装流水线。

# 三、流水线组织及设计

## 1. 确定流水线节拍

流水线节拍是指流水线上相邻两件相同制品的生产时间间隔。因为流水线的一个重要特征是节奏性，因而要保证流水线的节奏性，节拍就成为一个重要的参数，它决定了流水线的生产能力、生产效率和速度。节拍的确定主要考虑计划期间的产量和有效工作时间，计算公式如下：

$$r = \frac{F_e}{N} = \frac{F_0 \times \eta}{N}$$

其中，$r$ 为流水线节拍；$F_e$ 为计划期有效工作时间；$N$ 为计划期制品产量；$F_0$ 为计划期制度工作时间；$\eta$ 为时间有效利用系数。

$\eta$ 考虑了设备维修、设备调整、更换工具时间以及工人班内休息时间，一般取 $0.9 \sim 0.96$。计划期制品产量除计划中规定的出产数量之外，还应包括不可避免的废品数量。

$$N = N_{投} \div (1-a)$$

其中，$N_{投}$ 为制品计划出产量（件）；$a$ 为废品率。

## 【案例 3-1】

## 流水线节拍的计算示例

A 公司使用流水线生产某产品，其年计划需求量为 20000 件，废品率为 2%，生产备件为 1000 件，年工作天数为 250 天。A 公司实行两班制工作，每班工作 8 小时，时间有效利用系数为 95%，求 A 公司该产品的流水线节拍。

$$F_e = 250 \times 2 \times 8 \times 60 \times 95\% = 228000 \ （分钟）$$

$$N = (20000 + 1000) \div (1-2\%) = 21429 \ （件）$$

$$r = F_e \div N = 228000 \div 21429 = 10.6 \ （分）$$

由上述计算可得，该产品流水线的流水线节拍为 10.6 分钟。

当流水线上加工的制品体积和重量都相对较小，且流水线节拍短，不适用于单件运输时，可将工件按批进行运输。这时流水线的设计就要确定批量运输的间隔。将流水线上间隔出现的批量之间的间隔时间称为节奏，它等于流水线节拍与运输批量的乘积，表示为：

$$r_g = r \times n$$

其中，$r_g$ 为流水线的节奏；$r$ 为流水线节拍；$n$ 为运输批量。

2. 计算设备（工作地）数量和设备负荷系数

设备（工作地）数量等于工序单件时间与流水线节拍的比值，即设备（工作地）数量的计算公式为：

$$S_i = \frac{t_i}{r}$$

其中，$S_i$ 为流水线第 $i$ 道工序所需的设备（工作地）数（台）；$t_i$ 为流水线第 $i$ 道工序的单件时间定额（分/件）。

当计算得出的设备（工作地）数量为整数时，则可将此计算结果确定为该工序的设备（工作地）数；当计算得出的设备（工作地）数量不为整数时，则采用的设备（工作地）数 $S_{ei}$ 应取大于计算数 $S_i$ 的最小整数。

设备负荷系数是衡量某设备使用负荷的指标，其决定了流水线的生产连续程度。一般来说，设备负荷系数越大，表明流水线的利用效率越高。设备负荷系数的计算公式为：

$$K_i = \frac{S_i}{S_{ei}}$$

其中，$K_i$ 为流水线在第 i 道工序的设备负荷系数。

计算整条流水线总设备负荷系数的公式为：

$$K_{ei} = \sum_{i=1}^{m} S_i \div \sum_{i=1}^{m} S_{ei}$$

在进行流水线的规划设计时，通常需要设置一个合理的设备负荷系数，以保证流水线的生产连续性。一般来说，设备负荷系数应高于 0.75，以手工为主的装配流水线的设备负荷系数应在 0.85~0.9。

### 3. 工序同期化

工序同期化是流水线生产的必要条件，也是设备充分利用产品生产周期的重要方法。所谓工序同期化，是指通过采用相应的组织措施及生产技术来调整各个工作地的单件作业时间，从而促使这些作业时间等于流水线的节拍或者与流水线节拍成整数倍的比例关系。

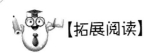

**【拓展阅读】**

#### 工序同期化方法

（1）改进工艺装备。

（2）提高设备自动化、机械化水平，从而提高设备的生产效率。

（3）提高工人的操作熟练程度和效率。

（4）合理安排工作地的布置，减少移动过程中的浪费。

（5）对工序进行分解和合并，减少不必要的工序过程。

**4. 计算工人人数**

完成上述工作之后，下一步就是计算流水线所需的工人人数。流水线的运作离不开工人人数的合理配置。整条流水线的工人人数是在计算各工序工人数的基础上进行叠加。同时，流水线上主要分两种情况，一是以手工操作为主，二是以设备加工为主。具体计算如下：

（1）以手工操作为主的生产线。

$$P_i = S_{ei} \times g \times W_i$$

其中，$P_i$ 为第 i 道工序的工人人数；$S_{ei}$ 为流水线的设备数；g 为每日工作班次；$W_i$ 为第 i 道工序每一工作地同时工作的工作人数。

那么整条流水线的工人数就是所有工序的工人数之和，即：

$$P = \sum_{i-1}^{m} P_i$$

（2）以设备加工为主的生产线。

$$总人数 = \sum \frac{某工序实际采用设备数 \times 工作班次}{工人平均设备看管定额（台/人）} \times (1 + 后备工人百分比)$$

**5. 确定流水线节拍性质，选择运输方式和运输装置**

（1）强制节拍流水线能够保持较高的工序同期化程度，且连续性好。一般采用分配式、连续式或间断式传送带。

（2）自由节拍流水线不能完全按照流水线节拍进行生产，节拍主要靠操作工人的熟练程度来掌握。一般采用连续传送带、滚道、滑轨等运输工具。

**6. 流水线平面布置设计**

流水线平面布置设计是为了使工人操作更加便利，同时使在制品的运输更加方便，这样才能提高整条流水线的工作效率。因而，流水线平面布置设计中应遵循以下原则：

（1）有利于工人操作的便利。

（2）有利于缩短在制品的运输距离。

（3）有利于流水线之间合理自然的衔接。

（4）保证工作地面积的合理使用。

现今，大多数企业采用的流水线布置有以下几种形式（见图3-5）：

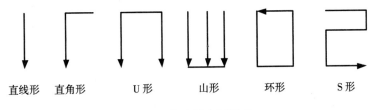

直线形　直角形　　U形　　山形　　环形　　　S形

**图3-5　流水线布置形式**

同时每种流水线布置形式又可分为单列式和双列式（见图3-6）：

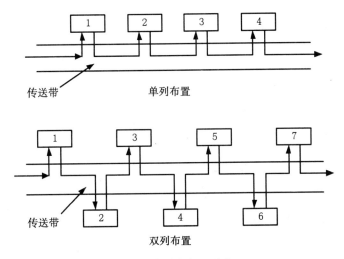

**图3-6　单列式和双列式**

### 7. 计算流水线的经济效果

流水线的经济效果评价指标主要有产品劳动生产率、产量增长率、流动资金占用量的节约额、产品成本降低率等。

总之，流水线生产是能够满足大规模生产的一个重要方法，流水线的布置和实施都需要很大的人力和物力。因此，企业在采取流水线生产之前，需要对整个流水线的经济效益进行分析和评估，并在此基础上进行改进，这样才能充分发挥流水线的作用。

# 第三节　成组技术与柔性制造系统

随着"柔性化"概念深入到生产运作的管理理念中，人们个性化的需求才越来越多地得到满足。

——佚名

在当今市场经济日益发达，人们生活水平不断提高的时代里，消费者的需求发生了相应的变化，开始从单纯的产品需求变为希望能消费个性化、特色化的产品。在这种情况下，单件小批量生产开始受到企业的重视。但是传统制造业的理念很难适应变化了的需求事实，随着生产运作思想的发展，成组技术和柔性制造系统逐渐成为企业转型的方式之一。

## 一、成组技术的基本原理

### （一）成组技术的内涵

成组技术，又称群组技术，是指利用产品之间的相似性和继承性，通过相应的分类技术，从中找出内在共同工艺、共同结构、共同零部件等共同特点，然后建立处理这类共同特点的原则和方法。通过这种技术，企业可以减少重复劳动，提高工作效率；企业可以简化生产技术准备工作，使企业能迅速而经济地开发新产品。

### （二）零件分类方法

成组技术得以实施的关键是识别产品或零件间的相似性，从而对产品或零件进行分类，以下是几种常用的分类方法：

**1. 视检法**

视检法是指具有一定生产经验的工作人员通过将零件与零件图纸进行细致的对比，从而识别出零件间的相似性，并把具有相似性的零件分为一类的方法。这种方法依靠人员的识别，因而带有一定的主观性和片面性。

**2. 生产流程分析法**

生产流程分析法是指以零件生产设备明细表等技术资料文件为基础，来对零件的生产流程进行分析，从而把工艺过程相同或工艺过程相似的零件归为一类的方法。工厂所采用的技术资料文件是判断生产流程分析法是否有效的依据。

**3. 编码分类法**

编码分类法是指将零件按照规范的编码进行分类的方法。按编码分类法，首先制定零件分类编码系统，将零件的有关设计、制造等方面的信息转译为代码，然后对零件按编码进行分类。目前存在许多分类编码系统，开创性的工作是由德国的奥匹兹做出的，国际上称之为奥匹兹分类原则。从分类所依据的主要特征看，有按零件结构分类和按零件加工工艺分类两种分类方法，也有两者兼而有之的分类方法。

**（三）成组技术的核心**

成组工艺是成组技术的核心。成组工艺把在材料、结构、工艺上具有相似性的零件分为一类，组成一个零件组，并对同一零件组内的零件采用同一工艺进行加工。成组工艺能够有效地扩大生产批量，提高生产效率。

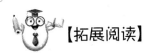

**【拓展阅读】**

### 成组工艺的实施步骤

（1）根据零件分类系统对具有相似性的零件进行分类，并组成零件组；

（2）对零件组制定相应的加工工艺；

（3）对零件组设计相应的工艺装备，如成组模具、成组夹具、成组刀具等；

（4）对零件组设计相应的成组加工设备、成组生产线、成组运输装置等。

**（四）成组技术的组织形式**

**1. 成组工艺中心**

成组工艺中心是一种初级的成组技术生产组织形式。具体来说，成组工艺中心是指将在工艺、结构、材料上具有相似性的零件集中在同一设备或工作地点进行加工装配的生产单位。成组工艺中心如图3-7所示。

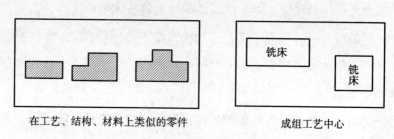

在工艺、结构、材料上类似的零件　　　　　成组工艺中心

**图3-7　成组工艺中心**

**2. 成组生产单元**

成组生产单元是较为高级的成组技术组织形式。成组生产单元是指集中一组或几组工艺相似的零件，并根据这些零件共同的工艺路线来进行生产设备的布局，从而完成相似零件的所有加工过程。成组生产单元如图3-8所示。

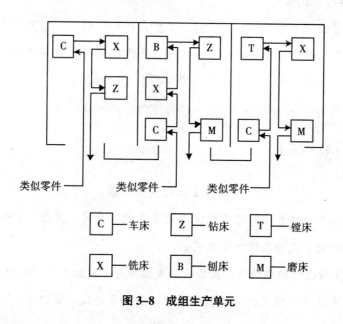

**图3-8　成组生产单元**

### 3. 成组流水线

成组流水线是高级的成组技术组织形式，是一个根据流水线特性而设计的成组生产单元。成组流水线如图3-9所示。

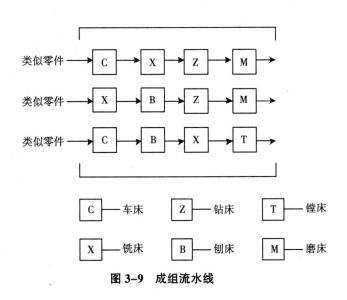

图 3-9　成组流水线

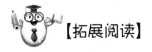【拓展阅读】

#### 成组技术的应用注意事项

成组技术是扩大生产批量、提高生产效率的有效的生产手段。为了使成组技术的效用得到最大的发挥，企业在应用成组技术时，应注意以下几点：

（1）制定一个适合本企业使用的产品零部件分类编码系统，划分零件组。

（2）各部门根据自己的分类码对其各项工作标准化。其中，分类是一项工作量很大、技术性很强的工作。

（3）大量积累各种标准化的资料，将其汇编成各种图集等。

（4）建立相应的生产组织，如成组生产单元、成组流水线等。

实践表明，只有把成组技术和数控技术、计算机技术很好地结合起来，才能使成组技术的优势和功能得到充分发挥。

## 二、柔性制造系统

柔性制造系统（Flexible Manufacturing System，FMS）是由制造加工系统、计算机控制系统以及物料储运系统有机结合的自动化制造系统。柔性制造系统能够基本适应多品种、中小批量生产，并且可以快速对外部环境做出反应，及时改变产品，适应消费者多样化、个性化的需求，从而增强企业的竞争优势。

一般来讲，柔性制造系统由三部分组成：制造加工系统、计算机控制系统、物料储运系统，如图 3-10 所示。

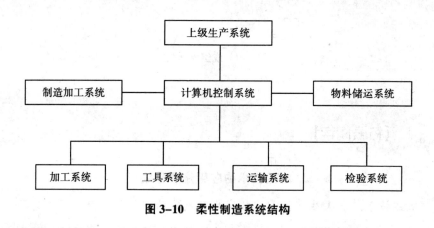

图 3-10　柔性制造系统结构

### （一）制造加工系统

制造加工系统在柔性制造系统中的作用就好像是人的手脚一样，直接影响着柔性制造系统的性能，其主要设备是数控机床，用于将原材料转化为产品。制造加工系统可以同时加工不同零部件，在加工完一种零部件后可以直接切换到另一种零部件。制造加工系统的柔性取决于加工零部件的种类，制造加工中心加工的零部件类型越多，其柔性越强；柔性越强，企业对环境变化的适应能力就越强。

## （二）计算机控制系统

计算机控制系统类似于人类的"大脑"，它是柔性制造系统的指挥官，指挥着所有行动。计算机控制系统直接指挥和监控四个下属系统：加工系统、工具系统、运输系统以及检验系统。

计算机控制系统只能按照事先确定的原则和逻辑处理问题，只能处理常规性的或者固定模式的问题。对于一些突发性问题或偶然时间，需要人员的介入，控制计算机系统，解决出现的突发性问题。因此，在实际的生产运作中，往往采取人机结合的方式。[1]

## （三）物料储运系统

物料储运系统的主要功能是通过工件及工艺装备夹具的自动供给和装卸来实现物料的存取、配送和装卸。物料储运系统所处理的物料包括零部件、半成品、产成品以及一些辅助设备工具等。而物料储运系统的设备包括各种传送带、自动导引小车、工业机器人及专用起吊运送机等。

## 本章小结

生产过程设计是企业安排生产的第一步。广义的生产过程包括基本生产过程、生产技术准备过程、辅助生产过程以及生产服务过程。其中，基本生产过程是企业加工制造的主体活动，另外三项都是围绕着基本生产过程来进行的。生产过程是否高效，时间是一项重要的考察因素。生产过程的时间组成主要包括有效时间和停顿时间两大类。在实际生产中，企业应尽量减少停顿时间，增加有效时间，从而提高生产效率。生产过程有三种组织形式：流水线生产、成组技术以及柔性制造系统。每种生产组织形式都有各自的优点，企业需根据自身的产品特点、资金等情况进行合理选择。

---

① 陈心德，吴忠. 生产运营管理［M］. 北京：清华大学出版社，2005.

# 第四章 工作系统设计

## 泰勒的搬运生铁块试验

"科学管理之父"泰勒在受雇于宾夕法尼亚的伯利恒钢铁公司担任顾问时，发现当时工人的劳动生产率非常低。泰勒认为放任自流的管理方式是造成低劳动生产效率的原因，要改进劳动生产率，就必须以科学的操作方法去代替单凭经验和直觉的老方法。

为了改进劳动生产率，泰勒做了有名的"搬运生铁块试验"。泰勒在伯利恒钢铁公司内部随机挑选了75名工人，并让他们将92磅重的生铁块搬运30米的距离，在改进工作方式前，这些工人每天平均能够搬运12.5吨。泰勒又对工人进行试验，试验他们各种搬运姿势、行走的速度、工具的持握的位置对搬运量的影响，还对每一套动作的精确时间做了研究，并不断探究多长的休息时间才能够使工人恢复体力，再次投入到工作中去。

泰勒通过对工人的工作和动作进行科学的研究和分析，最终确定了装运生铁块的最佳方法和最佳休息时间，这样的工作方法能够使每个工人的日搬运量从原来的12.5吨增加到47~48吨，日工资增加到1.85美元，工作效率得到了极大的提升。

资料来源: http://www.ahsj.gov.cn/msg.php.

【案例启示】工作系统设计的核心是通过运用工作研究的原理和方法，合理地去设计和安排员工的工作，从而提高员工的工作效率，并激发员工的工作积极性，最终有效地达到组织的目标。一个工作系统的好坏，对企业的生产效率和员工的工作状态都有着重要的影响。因此，工作设计是从事生产运作管理人员必须掌握的管理技能之一。

---

**本章您将了解到：**

● 工作设计的主要内容、方法及步骤

● 工作研究的内涵

● 方法研究和作业测定的内容

● 劳动定额的主要内容

● 现场管理的内涵以及 5S 管理的内容

---

# 第一节　工作设计

工作设计是确切地知道要员工干什么，并注意让他们用最好、最经济的方法去干。

——泰罗

## 一、工作设计概述

工作设计是为了有效地达到组织的目标而对工作内容、工作关系和工作职能进行的设计。总的来说，工作设计是生产系统的工作岗位设计和岗位责任设计，其工作设计的对象涉及全体员工。工作设计的目标是建立有生产效率的工作系统。工作设计需要考虑工作由谁来承担，工作如何开展，工作何时开展，工作在何处开展。

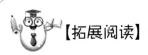

**【拓展阅读】**

### 工作设计的原则

（1）工作设计应由经过培训或有经验的人员承担。

（2）工作设计应与企业战略保持一致。

（3）工作设计应采用书面形式进行描述。

（4）工作设计应该同时被管理者和基层员工所理解和接受。

（5）给员工尽可能多的自主权和控制权。

（6）在一定范围内让员工决定工作节奏。

工作设计的影响因素比较复杂，没有相关经验的人容易忽略一些重要方面，因而也就难以做好工作设计。为了调动员工工作的积极性，提高员工对工作设计的认可度，工作设计人员应与员工保持密切联系，听取他们的意见，使工作设计中体现出以人为本的原则。工作设计不仅要被员工接受，还要被管理者接受，所以工作设计也需要管理者的参与，需要他们及时地提出宝贵意见。

## 二、工作设计的主要内容

工作设计是为了指明组织中员工的工作活动内容，设计出满足组织及技术要求和员工需求的工作结构。工作设计中涉及的主要设计决策可以用图4-1来描述。

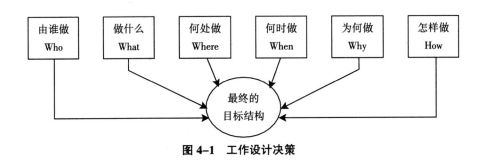

**图4-1 工作设计决策**

由图 4-1 可以看出，工作设计的内容主要包括：工作由谁做，工作内容是什么，工作在何处做，工作何时开始，工作为何做，工作怎样做。这些工作设计决策主要受以下因素影响：

**（一）企业对员工工作的质量控制**

在生产过程中，质量控制与对员工授权有着密切的关系。得到授权的员工可以在生产线中出现质量问题时停止生产，可以在顾客对产品或者服务不满意时当场赔偿。

**（二）企业对员工进行的交叉培训**

企业通过对其员工进行交叉培训，使员工能够熟练地从事多种工作、完成不同种类的任务，这样能够降低公司的成本，并且也可以调动员工的工作积极性。

**（三）企业工作的自动化程度**

受法律规则约束，很多重体力劳动或危险性工作需要由机器来进行。

**（四）企业的信息化程度**

企业可以通过使用远程通信网络和计算机系统来扩展员工的工作内涵，提高其工作能力，改进工作结构。

**（五）企业工作设计的措施**

企业为员工提供有意义的工作岗位和对优秀员工进行奖励，制定鼓励员工或者班组参与设计和组织工作的政策。

## 三、工作设计的方法

工作设计的方法主要有五种，即工作专门化、工作团队、工作扩大化、工作轮换、工作丰富化，如图 4-2 所示。

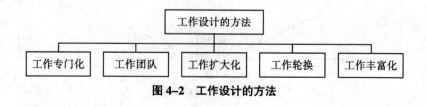

**图 4-2　工作设计的方法**

## （一）工作专门化

工作专门化是指某项工作任务范围的宽窄、所需技能的多少，也体现了工作任务的细化程度。工作专门化程度越高，所包含的工作任务范围就越窄，所需技能就越少，重复性就越强。如维修师只能维修特定产品、老师只能教授某几门课程、某些面包师专门制作生日蛋糕等。工作专门化具有培训简单、生产率高、工作过程容易控制、单位消耗低等优点。这种工作方式适合那些提供标准化产品或服务的企业。

工作专门化对于管理者而言，其优点有：劳动生产率高；容易对员工进行培训；工资消耗低。其缺点有：容易造成员工对工作的排斥和抗拒，从而出现迟到、早退、缺勤、跳槽及忽视产品质量的情况；难以进行质量激励。

工作专门化需要员工长时间地从事重复性的工作，容易引起员工的单调感、乏味感以及受挫感，难以从工作中找到一种成功感和满足感，这种受挫感一般通过生产效率或者质量的下降而显示出来。对于能力有限而不适应从事更大范围的员工来说，这种工作方式比较适合；但对于具备一定能力且喜欢从事广泛工作的员工来说，这种工作方式容易带来负面作用，如高缺勤率、高流动率、低生产率等。如某汽车公司的缺勤率高达 20%，而其中装配线上的缺勤率占总缺勤率的75%，虽然并非所有缺勤者都是生产装配线上的受挫者，但这体现了工作专门化所带来的负面影响的严重性。

工作专门化对于劳动者而言，其优点有：工作责任少，压力也小；不需要太高的技能及学历。其缺点有：工作枯燥乏味；工作经常受制于人；缺少激励；缺少晋升机会，难以实现自我价值。

## （二）工作团队

工作团队是指由为实现共同的组织目标而相互合作的个体所组成的一个群体，也称自引导团队。这与以往每个人只负责完整工作的一部分不同，而是工作团队共同负责完成这项完整的工作。工作团队的主要目的是提高团队的合作水平和提高员工参加工作的积极性。在工作团队中，工作的决策权下放到员工手中，团队成员可以自主决策，使决策更加灵活，更加具有可实现性。由于工作流程与团队员工的切身利益密切联系，并且亲自参与其中，所以他们工作更加努力，更加期望实现团队的目标。

现代企业的工作设计很多采用工作团队的方式，因为工作团队可以给企业带来很多好处。如更好的产品质量、更好的劳动生产率、更好的员工满意度、更好的工作氛围，并且还可以降低企业的缺勤率、流动率以及情绪低落等现象。但在一定程度上，工作团队也会削弱中层管理者的权力。

工作团队的优点有：需要的管理人员较少，团队中每位员工都可以像管理人员那样做出决策；可以提高工作流程效率，提高反馈速度；可以更好地激发员工的积极性和创造性。缺点有：工作团队的工作方式会削弱中层管理者的权力，而在一些传统的职能型企业中，管理者会和工作团队发生冲突。

### （三）工作扩大化

工作扩大化是指工作范围的扩大或工作任务的多样化。简单地说，就是员工有更多的工作可以做。通过横向增加工作任务的数目和变化性，提高员工钻研任务的积极性，提高员工的知识和技能，从而达到提高员工的工作兴趣和满意感。如扩展流水线上操作工人的工作任务，操作工人不仅负责产品包装，还负责包装设备的维修和维护，甚至是产品最终的质量检验，使操作工人不只是从事单一重复的活动，而是面对一系列活动。

工作扩大化的优点有：克服专业化过强，工作多样性不足的缺点；提高员工钻研任务的积极性；提高员工的知识和技能，提高员工兴趣和满意感。缺点有：在激发员工的积极性和培养挑战意识方面没有太大意义。

### （四）工作轮换

工作轮换是指定期让员工交换岗位，使员工体会不同工作岗位带来的兴趣。企业可以通过工作轮换使工作内容更加丰富、更加多样化；避免某个固定岗位的单调性和乏味性。这种方法让员工交换到更感兴趣的岗位时，工作效果明显，但交换到更枯燥无味的岗位时，工作效果降低。总之，工作轮换增加了工作分配任务的灵活性，增加了员工的知识面和技能水平，有利于促进员工对各个组织部门的了解，增进部门之间的合作，也利于整个生产运作系统的改善。

工作轮换的优点有：增加工作的多样化程度；增加工作任务分配的灵活性；增加员工的知识面和技能水平；增进部门合作。缺点有：如果员工被交换到枯燥无味的岗位，会降低工作效率。

### （五）工作丰富化

工作丰富化是指垂直增加工作内容，即让员工更多地参与到管理和决策中，给予员工更多的权利和责任。通过培养员工的工作责任心和决策自主权，提高员工的工作满足感和成就感，从而提高生产运作系统的效率。如超市的货架整理员在原先职责不变的基础上，同时负责缺货的整理和补充。

工作丰富化能够提高员工的工作积极性、工作满足感和成就感，对于生产率的提高具有很大的促进作用。但工作丰富化需要进行员工培训，这就相应地增加了培训费用。同时员工薪酬的上升以及工作设施的改善也会使企业成本有所增加。

工作丰富化的优点有：提高员工工作满足感和成就感；提高员工工作积极性；提高生产效率。缺点有：需要增加员工培训费用，增加企业的成本。

## 四、工作设计的步骤

不同的生产流程所需要的工作设计方案不同，科学地进行工作设计是提高生产运作系统生产率的主要途径。一般情况下，科学的工作设计需要遵循以下步骤：

### （一）收集信息

确认所要研究的工作，收集所有与工作有关的工具、设备、材料、环境等相关信息。对现有工作，与员工、技术人员和管理人员进行讨论，把他们的信息反馈到工作设计系统中。

### （二）制定并实施

利用流程图进行研究并将现有工作的既有方法文档化；对于新工作，基于涉及协作的有关信息设计工作流程图表并分析。然后提出新方案。最后重复检查方案的实施，确保改进方案的实施。

## 五、动作研究

动作研究是对员工在执行一项操作任务时所涉及动作的系统研究。其目的是找出最优最简的方法，减少不必要的动作，确认最好的操作顺序以取得最大的效率。因此，动作研究是提高生产率的基本方法之一。

## 六、工作条件

工作条件是工作设计中很重要的方面。工作环境的温度、湿度、通风、照明、色彩、噪声、振动、工作间歇等因素对员工在生产率、产出品的质量和事故上表现出来的工作绩效也有较大影响。

### （一）温度和湿度

温度是衡量工作环境的一个关键标准。工作环境的温度应该设置在员工能够适应的范围内，如果温度超出一个范围或者低于一个范围时，就会影响员工的工作。室内的温度过高会引起瞌睡、口干等身体反应；室内的温度过低会减缓身体各部分的动作。解决这一问题的办法是为员工准备合适的工作服装或安装加热和制冷装置，从而使工厂的工作环境保持在一个正常的温度范围内。

另外，要营造一个舒适的工作环境，湿度也是一个重要的变量。工作环境的湿度过高，会使员工大量排汗、气闷并加重肾脏的负担；而湿度过低则会使员工体内的水分大量被蒸发，而且引起口干舌燥、咽痛烦渴等症状。因此，工作环境的设计还需要考虑到对湿度的控制。

### （二）通风

工作环境的空气流动也会影响劳动效率。工厂内有时会存在令人讨厌的气体或有毒的气体，这会引起员工反感及分心，甚至对员工的身体健康造成危害。因此，工作环境的设计中应考虑到工厂的通风条件，保持工作环境的空气流通。

### （三）照明

照明是员工工作必不可少的工作条件之一。员工工作类型决定照明亮度，一般来讲，工作要求越精细，工作所需的照明亮度就越高，如精密仪器的生产。而对于工作环境中的过道、走廊、货架及其他危险地段，出于安全的考虑，必须具备良好的照明。

照明成本比较高，企业为了节约成本，通常不会在所有地方都采用同样程度的照明。自然光是可以用来照明的，特别是对于缓解员工工作压力有很好的帮助，并且自然光不需要花费费用。员工经常在一个封闭的工作场所工作，容易产生厌倦的情绪，甚至会引起各种心理疾病，因此采用自然光对员工工作有很大的帮助。但是采用自然光也有不利的方面，如工厂很难控制自然光强度。

### （四）色彩

色彩可以为工厂营造气氛，引发员工想象。心理学家认为，工厂、建筑物、工作场所的色调对员工的情绪和生产效率会产生一定的影响。从实践角度讲，色彩已不再是装饰，而是一种可以用来改善工作环境和提高员工工作效率的手段。

### （五）噪声和振动

噪声会干扰员工的正常工作，使员工感到烦躁、不悦，甚至会伤害员工的身体健康，进而对员工的工作效率产生直接或间接的影响。噪声一般是由机器设备运转造成的，在工作中容易造成员工精力分散，使员工产生错误，甚至导致事故发生。如果员工长时间处在噪声范围内，也会对员工听力造成损坏。

振动也是影响员工工作的一个因素，大多数情况下，振动来自机器设备、交通工具、空调装置等，是工作设计时需要考虑的一个重要因素。正确防范振动的方法包括安装缓冲器、振动吸收器、填塞垫圈等消除振动的材料设备，从而避免员工受到不利影响。

### （六）工作间歇

员工的生产效率和产出质量受工作间歇频率、时间长短的影响。心理学家认为，员工在一天的工作时间内，随着时间的延长，工作效率会降低，但是经过中午休息以后，员工的工作效率会得到提升。

影响工作效率下降的速率和工作间歇长短的一个重要变量是——工作中的体力和脑力消耗量。如钢铁工需要每小时 15 分钟的休息间歇，这是由他们工作的紧张性质决定的。然而，体力消耗并不是需要工作间歇的唯一条件，从事脑力劳动的工作人员同样需要间歇。如办公室工作人员、学生等也需要通过休息来调整状态。因此在进行工作设计时，设计者应充分考虑到工作的性质，设定合适的工作间歇。

### （七）安全性

员工安全是企业必须考虑的问题，也是工作设计中最基本的问题。任何公司在工作场所的选择和工作时间的安排方面，都要保障员工的身体安全情况。如果员工处在没有安全保障的环境下，他是不可能安心工作的，其他的一切激励措施都会失去效用。

# 第二节　工作研究

任何组织或作业几乎都可以应用工作研究的原理和方法来寻求一种更好的作业程序和作业方法，进而能够更科学地、更有效地去提高企业生产运作系统的效率。

——佚名

## 一、工作研究的内涵

工作研究是指运用系统分析的方法对当前工作进行研究，以排除工作中不科学、不合理、不经济的工作流程和操作步骤，从而使工作方法变得更科学、更合理、更经济，并有效地提高系统的工作效率。

工作研究主要包括方法研究和作业测定这两部分内容，如图 4-3 所示。两者密切联系，相互影响。

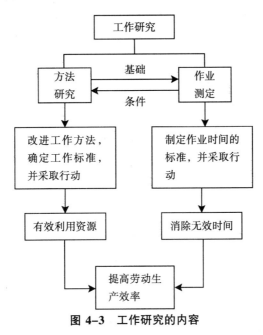

图 4-3　工作研究的内容

# 二、方法研究

## （一）方法研究的概念

方法研究是一种科学的管理技术，具体是指在一定的制造技术和组织条件下，运用科学有效的方法对现行作业的每个环节进行系统的记录、分析和研究，从而消除不经济、不合理的工序、动作和操作方法，并制定合理有效的工作程序，以使现有的工作方法得到改进，从而达到提高生产效率，降低生产成本的目的。

## （二）方法研究的基本步骤

### 1. 选择研究对象

进行方法研究的第一步就是选择和确定合适的研究对象。总的来说，选择研究对象应该着眼于工作系统中的关键环节和薄弱环节，同时还要关注生产中带有普遍性的问题和那些见效快且效果明显的项目。

### 2. 分析记录情况及改进工作方法

在选择了研究对象后，就应该合理地采用各类专用表格或录像影视技术将现行的操作方法或工作动作记录下来，以便进行后续分析。对于所记录下来的资料，通常综合运用"5W1H"法进行分析和研究（见表 4-1）。

表 4-1 "5W1H"法的基本内容

| Why | 为什么此项工作必须要进行？ | What<br>How<br>Who<br>Where<br>When | 为何开展此项工作？ |
|---|---|---|---|
| | 为什么用这种方式进行此项工作？ | | 如何完成此项工作？ |
| | 为什么为此项工作制定这种标准？ | | 何人执行此项工作？ |
| | 为什么为此项工作进行如此投入？ | | 何处开展此项工作？ |
| | 为什么此项工作需要这种素质？ | | 何时开展此项工作？ |

对记录情况进行综合分析后，需要在现有工作方法的基础上对其进行改进。通常采用"四种技巧"（ECRS）来改进工作方法。这"四种技巧"分别是取消、合并、重组、简化。

（1）取消（Elimination）。在可能的情况下，全部或部分取消研究的工序。如取消不必要的工序、搬运、检验等。

（2）合并（Combination）。若不能取消生产过程中的重复的工序，则考虑对工序进行调整合并，从而减少不必要的多次搬运、反复装卸或忙闲不均等现象。

（3）重组（Rearrangement）。对工作的先后顺序进行重新排列组合，从而使工作流程更加合理，并且提高工作效率。

（4）简化（Simplification）。对工作进行研究，使工作的内容或方法得到简化，进而提高工作效率和降低运营成本。

### 3. 选择新的工作方法

研究人员可以拟定若干个改进后的工作方法作为备选方案，然后分别评价这些方案的技术经济情况、安全性及可靠性，最后在综合考虑生产中的实际情况的基础上，从中选择最优的工作方法及次优的工作方法。

### 4. 实施新的工作方法

在实际情况中，实施新的工作方法比方法研究本身更有难度。新的工作方法难以被原来的人员所理解，从而阻碍了新工作方法的实施。要推行新的工作方法最重要的是做好人员的培训工作，令此工作方法得到普遍的理解和接受。

## 三、作业测定

### （一）作业测定的概念

作业测定是指把员工完成任务的作业分成适当的作业单位，以时间为尺度对作业单位进行测定、评价、分析、设计及改进。

### （二）作业测定的起源

作业测定根据出现时间的先后顺序主要有三种测定方法：经验判断法、历史记录法和作业测定法（见图4-4）。

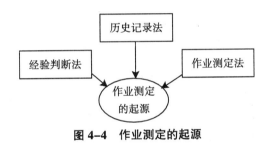

**图4-4 作业测定的起源**

1. **经验判断法**

经验判断法是最早使用的方法。这种方法是由车间主任、工头、有经验的员工、技术人员等组成特定的小组，在综合考虑产品所需原材料、生产技术、组织条件的基础上，研究分析产品的设计图样、工作流程、设备情况，然后凭借生产经验估算出作业的工时消耗，从而制定出时间标准或工时定额。但是经验判断方法没有确切的标准，主观成分比较大，科学依据不足。为了解决这些弊端，历史记录法应运而生。

2. **历史记录法**

历史记录法是指根据以前同类产品的统计资料，结合当前生产条件的变化情况来分析、制定同等内容工作的时间标准或工时定额。与经验判断法相比，历史记录法增加了一些科学依据，有一定的说服力。但是历史记录法所依据的是过去的数据，当现有的生产条件发生较大变化时，就会影响工时定额的准确性。

### 3. 作业测定法

作业测定法在经验判断法和历史记录法的基础上发展而来。作业测定法通过对生产加工过程中的时间消耗进行分析研究，从而减少或消除无效时间，以制定时间标准或工时定额。

### （三）作业测定的作用

作业测定主要有以下作用：

### 1. 根据作业测定建立的劳动定额更加科学合理

劳动定额是在工作研究的基础上制定的，而作业测定是工作研究的主要内容，是确定时间标准或工时定额的方式。因此，制定科学的劳动定额之前必须进行作业测定，即作业测定是建立科学劳动定额的依据。

### 2. 为员工的绩效评估提供依据

衡量员工绩效的标准就是劳动定额和时间定额，而作业测定可以为企业提供工时定额，同时又是制定劳动定额的依据。

### 3. 为生产计划提供参考

生产计划主要是为生产车间分配任务，但是每个生产车间的员工数量是不同的，即每个生产车间的生产能力不一样。对此企业可以根据劳动定额估算每个车间的生产能力，依据估算结果对生产车间分配生产任务，从而对生产计划起到一定的参考作用。

### 4. 为制定标准成本提供依据

标准成本涉及劳动力成本的核算，而劳动力成本是由员工的劳动时间决定的。一般来讲，只有通过作业测定确定了劳动定额，员工花费在单位产品上的时间才有一个统一的标准，这样才能衡量单位产品的劳动力成本，从而核算单位产品的标准成本。

### （四）作业测定的方法

作业测定的主要方法有时间研究法、抽样法、预定时间标准法、模特法等。

方法的选择主要取决于工作的性质以及要求的详细程度。

### 1. 时间研究法

时间研究法是指对作业过程直接用时间测定工具测量，统计测量结果，最后得出时间标准的一种方法。

### 2. 抽样法

抽样法不直接对作业进行测量，而是测量工作活动的一部分或工作活动的样本，并基于对样本的测量结果来描述工作活动，并计算时间标准。

### 3. 预定时间标准法

预定时间标准法是指将作业活动分解为基本动作，然后对分解后的基本动作进行研究，确定每个基本动作的时间标准，最后加总计算作业时间标准。

### 4. 模特法

模特法是指根据人机工程学的原理对作业进行人体动作分析，确定人体动作的时间标准，最后加总计算作业时间标准的一种方法。

## 【案例 4-1】

### 联合包裹服务公司的时间研究

联合包裹服务公司（UPS）每年约有 3200 名工业工程师对其司机分发货物的过程进行时间研究，从而提出有关工作方法的指导性意见。UPS 的工业工程师仔细地记录了司机送货的步骤及与顾客打交道的时间，其中包括司机遇到红灯、交通堵塞、走弯路、按门铃、等待客户、与客户交流等所消耗的时间。UPS 经过时间研究发现，不必要的步骤和非直接的路线降低了司机的工作效率，进而影响了他们对客户的服务质量。

UPS 目前共有 80000 名司机，他们每天分发的包裹量高达 $11 \times 10^6$ 个。如果每天能节省一分钟，那么公司一年就能节约 500 万美元。因此 UPS 公司一直以来都十分注重对司机工作方法的培训。

除了改进司机的工作方法外，UPS 对其运送车的设计也做出了改进，如设计舱壁式车门，使司机很容易进入包裹间，节省了挑选包裹时的行动距离；设置圆顶形座椅，以方便司机每次分送包裹后上下车；车后轮舱尾部安装斜板，使司机只需踏出一步就能方便地进入仓库。

资料来源：Richard B.Chase.Production and Operations Management Manufactnring and Services.–7ʰ ed. [M] Irwin MaGraw–Hill，1995.

## 四、时间标准

### （一）工作时间

工人在正常工作中所消耗的时间包括两部分：一部分是定额时间；另一部分是非定额时间（见图4–5）。

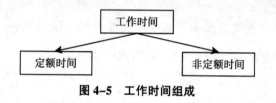

**图4–5　工作时间组成**

1. 定额时间

定额时间是指企业在正常的生产情况下必须消耗的工作时间，其中包括：

（1）作业时间：工人直接作用于产品所消耗的工作时间。

（2）看管工作场地时间：使生产状态保持正常所消耗的时间，即服务时间。

（3）休息与生理时间：工人为恢复劳动力所消耗的时间为休息时间。

2. 非定额时间

非定额时间是指企业在生产情况下可以避免消耗的工作时间，其中包括：

（1）非工人造成的损失时间：工人由于企业外部原因或者企业原因停止工作所损失的时间，如停电、停水、设备损坏等。

（2）工人造成的损失时间：工人在工作时间内做了违反劳动纪律的活动所损失的时间，如早退、办私事等。

（3）非生产工作时间：工人在生产时间内做了与直接生产任务无关的工作所

消耗的时间，如与同事聊天、开会、仓库领料等。

**（二）时间定额**

时间定额，是指企业在标准的生产条件下完成单位工作所消耗的时间。

企业的生产方式主要分为三种：大量生产、单件小批量生产以及成批生产，并且在每种生产方式下企业产品所消耗的时间结构不同：

**1. 大量生产条件下**

时间定额 =（作业时间 + 看管工作地时间 + 休息与生理时间）÷ 总产量

**2. 单件小批量生产条件下**

时间定额 = 作业时间 + 看管工作地时间 + 休息与生理时间 + 准备与结束时间

**3. 成批生产条件下**

时间定额 =（作业时间 + 看管工作地时间 + 休息与生理时间 + 准备与结束时间）÷ 每批产品的数量

时间定额也是企业劳动定额的一个组成部分，本章的第三节将继续详细介绍时间定额的内容。

# 第三节　劳动定额

整个作业管理制度应当是建立在对单位工时和劳动定额精确和科学的研究上，这是科学管理中最重要的因素。

——泰勒

## 一、劳动定额

劳动定额是指在一定的生产技术水平条件下完成单位工作所必须消耗的劳动

量标准。劳动定额是组织现代化生产的客观要求，它使人力资源在动态运行过程中与其他资源的配合达到可能的最佳状态。

劳动定额主要有三种基本表现形式：时间定额、产量定额和看管定额。

**（一）时间定额**

时间定额是用时间表示的劳动定额，是指企业在正常情况下生产单位产品所消耗的时间。

**（二）产量定额**

产量定额是用产量表示的劳动定额，是指企业在单位时间内生产合格产品的数量。

**（三）看管定额**

看管定额是指一个员工或一个班组，其所看管的机器设备的台数。

一般来讲，企业要根据组织要求和生产特点来选择适合自己的劳动定额方式。

## 二、时间定额

时间定额是劳动生产率指标，它主要是指员工在正常条件下生产单位产品或提供单位服务所花费的时间。时间定额是工艺规划中的重要组成部分，根据时间定额，企业能够妥善地安排工人及设备的数量，合理地制定生产作业计划，准确地进行成本核算，从而保证了生产运作系统的正常运行。

时间定额的制定具有一定的难度，如果根据动作熟练或动作过快的员工制定时间定额，则会使时间过于紧张，给员工造成过大的压力；如果根据动作过慢的员工制定时间定额，则会使时间过于宽松，造成生产率下降。时间定额的制定应以企业实际的生产水平及技术条件为基础，制定一个大部分员工能够达到，少部分员工经过努力能够达到或追赶的时间，从而激发员工的工作积极性与主动性，并有效地提高生产力水平。

时间定额由基本时间、辅助时间、看管工作地时间、休息与生理需要时间、准备与结束时间五部分组成。

## （一）基本时间

基本时间是指直接使生产对象的形状、尺寸、表面状态、相对位置等发生变化所消耗的时间。在基本时间内，劳动对象都发生了物理或化学变化。可见，基本时间是创造价值的劳动消耗时间。

## （二）辅助时间

辅助时间是指各种辅助动作所消耗的时间。如开停机床、测量工件尺寸、进退刀、改变切削用量、装卸工件等动作所消耗的时间。

## （三）看管工作地时间

看管工作地时间也称为服务时间，是指使生产状态保持正常所消耗的时间。如调整设备、润滑机床、更换刀具、清理切屑、收拾工具等所消耗的时间都是看管工作地时间。看管工作地时间是必须消耗的，但又不产生价值，所以应尽量减少，一般按作业时间的2%~7%进行计算。

## （四）休息与生理需要时间

休息时间是指工人为恢复劳动力所消耗的时间。生理需要时间是指满足工人生理需要所消耗的时间，包括工人上厕所、洗手、喝水等所消耗的时间。这两部分时间与工作环境和员工性别有关。一般按作业时间的2%进行计算。

## （五）准备与结束时间

准备与结束时间是指为生产某项产品或提供某项服务而进行准备和结束工作所消耗的时间。如熟悉文件资料、领取零部件、安装工具等所消耗的时间都是准备与结束时间。[1]

# 三、产量定额

产量定额，也称工作定额，是劳动定额的一种，是指在单位时间内生产合格产品的数量或提供合格服务的数量。如对车间员工规定一小时应加工的零件数

---

① 汪星明. 现代生产管理 [M]. 北京：中国人民大学出版社，1995.

量、对车间装配工规定一个工作日应装配的部件或产品的数量；对银行服务员规定的一个班次应处理客户服务的数量。

产量定额的计算公式如下：

产量定额 = 产品数量 ÷ 生产产品所消耗的劳动时间总量

如一个钻石加工厂规定每个员工每小时应磨制 3 颗，则员工的产量定额为 3 颗/小时；而通过换算得知，员工每生产一颗钻石的时间为 20 分钟，则员工的时间定额为 20 分钟/颗。由此可见，对于同一件工作，产量定额和时间定额的计算结果是相对应的，两者在数值上互为倒数，能够通过公式进行换算。一般而言，生产单位产品的劳动时间消耗越少，单位时间内生产产品的数量就越多，反之亦然。

## 四、看管定额

看管定额也是劳动定额的一种形式，它主要是指一个员工或一个班组，同时能看管机器设备的台数。看管定额是一种特殊的产量定额，其基本原理是多机床管理，即员工利用某一台机器设备的机动时间去完成另一台或多台设备上的手动操作工作。在实际的生产工作中，企业应该尽量地增长设备的机动时间，缩短员工的手动操作时间，从而提高看管定额，使员工能够看管更多的设备。由此可见，制定看管定额的前提条件是，设备的机动时间必须大于或等于员工看管设备所必需的手动操作时间。

很多现代化企业是大批量生产，而且越来越多企业实行多机床看管作业，因此它们也更多地采用看管定额。看管定额主要应用于员工需要同时看管多台设备的企业和同种机器设备需要集中加工的生产单位，如自动化生产过程中与产品数量无直接关系的机器、设备、仪表等。对于生产企业，每台设备都存在一定的看管定额，如机床企业员工数量的确定是根据机床看管定额水平确定的，计算方法为：岗位员工人数 = 设备台数（台）÷ 看管定额（台/人）。

# 第四节　现场管理

现场管理就是设置目标、编制实施计划，充分地利用人、物、设备等物资去实现既定目标的活动。

——佚名

## 一、现场管理的内涵

现场管理就是用科学的管理标准、方法及制度对生产现场的各种要素，即人员、机器、物料、方法、环境、信息等进行科学有效地配置和优化组合，使其处于良好的运行状态，以保证生产系统目标的顺利实现。现场管理实质上是对生产现场进行的综合管理，其核心是必须建立健全以生产线上操作员工为主体的、合理的劳动组织，制定并推行现场作业标准，消除各种无效劳动，建立文明安全的生产保证体系，保证生产现场各种信息及时、准确地传递，实现定置管理和目标管理。

【拓展阅读】

### 现场管理的原则

现场管理具有深刻的内涵，企业在实行现场管理时，应关注以下四个方面的内容：

（1）以系统的观点看待现场管理，并采取相应的系统分析方法去处理现场管理的问题；

（2）应从本企业的实际情况出发，制定阶段性的现场管理目标和措施；

（3）现场管理并不是特定某个部门或某些员工的工作，现场管理需要企业全体员工的共同参与；

（4）实行现场管理时，应制定相应的标准。

## 二、5S 管理

### （一）5S 管理的含义

5S 管理是对生产现场的各个生产要素所处的状态不断地进行整理（Seiri）、整顿（Seiton）、清扫（Seiso）、清洁（Seiketsu）和素养（Shitsuke）的管理，因这 5 个词语的罗马拼音的第一个字母都是"S"，故简称为 5S 管理（见图 4-6）。5S 管理起源于日本，它通过规范工作现场、营造良好的工作环境和工作氛围来改善员工的面貌、培养员工良好的工作习惯，进而达到提升工作效率和生产效率的目的。

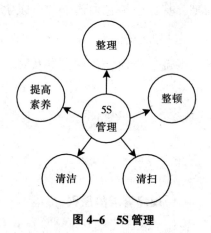

图 4-6　5S 管理

#### 1. 整理

这是现场管理的第一步，它主要是指企业将工作现场的所有物资设备分为需要和不需要两类，并把不需要的物资设备放在别处保管，在生产现场只放置需要的物资。整理的目的是改善和增加工作场所的空间，减少由于物品乱放或者好坏不分而引起的差错，创造干净、清洁的工作氛围，保障安全生产。

整理过程中需要注意以下几个问题：

（1）整理面向的是工作现场放置的所有物资设备，必须对工作现场各个位置、各个部分不留死角地进行全面搜查；

（2）企业通过对工作现场物资设备的资料进行分析和调查，并根据物资设备现在的使用价值（而不是刚开始的购买价值）来确定工作现场必需品和非必需品的分类标准，指导物资设备进行具体分类；

（3）在处理不需要的物资设备时，坚决把它们清理出现场。如剩料、报废的设备、更改后的部门牌、长期不用的材料、废包装箱等。

2. 整顿

整顿是现场管理的第二步，是指将整理后的工作现场进行科学、合理的布置和摆放。整顿的主要内容是将物品进行分类，从而达到时间和工作量最少的效果。整顿是 5S 管理的重点，也是生产现场改善的关键。整顿的主要目的是：防止物资设备混淆、乱堆乱放的现象出现；降低物资设备查找困难，减少查找物资设备的时间，创建整齐有序的工作现场。整顿过程中需要注意以下问题：

（1）企业需要对工作现场进行规划布置，使物品放置在固定的场所和位置，从而不需要花时间去寻找，随时就可以拿到物品。

（2）企业要对物资设备进行科学合理的摆放，既有利于工作现场的整齐有序和工作安全，又有利于物资设备的存取。一般原则是：按照使用频率高低的顺序摆放，常用的放近些，不常用的则应放远些，长期不用的则放于待处理区。

（3）物品摆放要目视化，通过画线、色彩、图片等形式，将物资设备存放的区域、分类、物品名称、数量、责任人等信息清楚地表示出来，做到"一目了然"。

3. 清扫

清扫是现场管理的第三步，主要任务是将工作现场打扫干净，保持工作现场干净、明亮。生产现场会因为生产过程中产生的灰尘、垃圾等变脏，脏的生产现场会带来许多消极影响，如设备精确度降低、员工的工作情绪低落等。

清扫过程中需要注意以下问题：

（1）清扫工作不是由特定的人员来承担，都是由员工自主地进行操作，自己使用的物品自己清扫；

（2）特别重视污染源的调查和分析，采取有效措施，杜绝污染源的危害；

（3）对生产设施的清扫主要体现在对它们的维修保养。

### 4. 清洁

清洁是现场管理的第四步，主要是指为了维持前面 3S 的成果，把 3S 的工作日常化、制度化和规范化，使工作现场总是保持完美和最佳状态。清洁是前面 3S 的坚持与深入，其目的是持之以恒地保持良好状态。清洁不仅意味着工作场所的清洁，还包括生产现场各类员工的着装、仪表、仪容的整洁及精神的整洁。

### 5. 提高素养

素养是现场管理的第五步，主要是指自律，即每位员工自觉养成良好的习惯作风，严格依照规章制度做事，具备爱岗敬业的良好职业道德和积极向上的进取精神。素养是 5S 活动的核心。5S 活动的开展并不是一件难事，但是一贯坚持、不断优化就不太容易，只有具备高素养的员工才能达到。

培养素养的目的在于培养员工遵规守法、乐于合作的良好习惯。而素养不是一朝一夕就能够养成的，企业只有通过坚持不懈的培训、指导，才能让员工养成一个良好习惯，如上班时间不迟到、工作时间不随意谈天说地、工作服装整齐干净、与同事和睦相处、爱护公物等。

从实践的角度看，开展 5S 活动一定要全体员工都参与进来，并且管理者要乐于接受员工的建议，对员工制定科学合理的奖罚措施，提倡员工积极参与决策，鼓励员工与消费者保持密切联系，培育团队合作氛围等，而这些对素养的形成都非常有利。

### （二）5S 活动的实施方法

**1. 红牌作战**

红牌作战是指企业通过在出现问题的地方贴上红牌从而揭示问题的一种方法。红牌作战具有以下两方面的优点：

（1）红牌不仅揭示了出现的问题，还包括解决问题的相关信息。如红牌上会显示责任部门、存在的问题、解决问题的对策、希望完成的时间、实际完成的时间、验收结果等，可直接作为一种管理和控制文件。

（2）红色标志非常醒目，能够明确地告诉员工和管理者问题出在哪，有利于督促有关责任部门尽快解决问题，并尽量减少获得红牌的机会。

**2. 检核表法**

检核表是指采用一系列的系统化问题来反映各种现场检查项目状况的表格。应用检核表法实施 5S 管理需遵循以下步骤：[①]

（1）根据检核表中各个检查项目对工作现场进行细致的检查。

（2）根据检查的结果对工作现场的各个项目作出评价。

（3）分析检查出来的问题，并对此采取相应的措施进行改进。

检核表法能够科学、规范、系统地检查和分析现场管理的问题，从而避免了遗漏检查项目的情况，使检查问题更加明确，具有很强的可操作性。

## 【案例 4-2】

## 某著名家电企业的 5S 管理

某著名家电企业 A 公司，目前在现场管理方面存在以下问题：

**1. 工艺落后**

企业采用的工艺技术落后，工序间存在严重的不平衡，工作现场堆积了大量半成品，且部分报废的设备仍然放置于生产现场。

---

① 刘丽文. 生产与运作管理 [M]. 北京:清华大学出版社，2002.

**2. 物资乱堆乱放**

员工在生产现场随意摆放工具、物料、零件、车辆，使生产现场杂乱无章，而员工真正要用到某物料或零件时，却又找不到。

**3. 工作缺乏主动性，部门间不合作**

员工对于很多工作都是被动地等待，缺乏工作主动性。各部门之间相互推卸工作责任，从而影响了工作效率。

2007 年，A 公司开始实行 5S 管理，彻底整理工作现场，将报废设备清除出现场，消除浪费，从而解决生产现场拥挤杂乱的问题。A 公司致力于推行全员 5S 培训，并采用现场指导和督察考核的方式，改进员工的工作素养，使他们逐渐养成良好的工作习惯。对于部门间不合作的问题，A 公司专门成立了跨部门的专案小组，对跨部门问题进行解决。

A 公司通过实行 5S 管理，全面提高了其现场管理水平，并进一步夯实内部管理基础，提升员工素质，从而树立了良好的企业形象。

资料来源：http://www.pmec.net/bencandy-33-48900-1.htm.

# 本章小结

工作系统设计的主要工作是对生产性员工的工作内容、工作关系和工作职能进行设计，通过寻找更好、更经济、更简便的工作方法以及提供更整洁、更适宜的工作环境，使员工达到企业设定的劳动定额，并且在不牺牲质量、服务和交货期的前提下尽可能获得最高的生产效率。工作内容、工作关系和工作职能的确定需要通过工作设计来实现，更经济、更简便的工作方法需要通过工作研究来获得；更整洁、更适宜的工作环境是现场管理所要实现的目标。在这些工作的基础上，企业才能建立起合理的工作系统，也才能够更有效地激发员工的积极性和创造性。

# 第五章　选址与布局

## 菲勒公司选址的困惑

由于业务的拓展，美国自行车制造企业菲勒公司打算于 2010 年投资新建一个制造工厂。然而，菲勒公司的管理层在新建的制造工厂的选址问题上出现了较大的分歧。

菲勒公司的生产部部长鲁宾斯认为，应该将工厂的地址选定在亚洲。因为亚洲具有大量低廉价格的劳动力及原材料，从而能够获得成本优势。同时，亚洲的经济增长带动了高品质自行车的需求，若在亚洲建厂，必能使企业在亚洲市场中获利。鲁宾斯还认为，在亚洲建厂，中国是最好的选择。

菲勒公司的销售部部长赖特则认为，跨国建工厂投资大、风险大，应该在了解当地市场的情况后，再进行投资。赖特建议在墨西哥建厂，因为墨西哥离美国很近，配送成本相对低，且墨西哥的工资水平与亚洲类似，但是其他风险比亚洲要小很多。

菲勒公司 CEO 贝尔格则坚持本地化的生产策略，坚信将制造厂建在科罗拉多州的大石城是最好的选择。大石城集中了许多自行车制造商和配件生产厂，能够为企业提供质优价廉的原材料。本地化生产能够使企业完全控制柔性的生产运作体系，灵活地根据市场需求生产产品。

菲勒公司的管理层都清楚地意识到，选址决策关系到公司未来的发展，因此不能在这个问题上做出草率的决定。

资料来源：齐二石，朱秀文，何桢.生产与运作管理教程［M］.北京：清华大学出版社，2006.

**【案例启示】** 在设施和工厂的选址问题上，只有综合考虑选址的各项因素，利用合适的方法去分析各项因素的权重，选择对企业最优的方案，才能使企业获得竞争优势，得到持续的发展。

本章将系统地介绍选址与布局，为读者提供一种可供参考的思维框架，希望能给读者以启发。

---

**本章您将了解到：**

● 制造业厂址选择的影响因素及主要步骤

● 服务业选址的影响因素及主要步骤

● 厂址选择的几种分析方法

● 设施布局的基本内容、目标、影响因素以及基本类型

● 设施布局计划（SLP）的内容

---

# 第一节　厂址选择

好址七分利，一步差三市。

——佚名

## 一、厂址选择的重要性

厂址选择主要是指企业确定工厂所在的地理位置，它不仅指新建企业，还指老厂扩建和重建。厂址选择的重要性表现在以下两个方面：其一，厂址选择直接

影响企业的投资成本和运行成本。如选址是否靠近原材料提供地、选址是否靠近顾客、选址是否具备便利的交通条件等。其二、选址影响企业的生产运作过程。如选址是否可以提供丰富的劳动力资源，选址是否可以提供企业所需动力和热力等。

企业想在原有厂址的基础上改变上述不利情况是非常艰难的，除非企业把工厂迁移到另一个合适的地理位置，但是需要承受巨大的成本。因此，厂址选择对于企业来说非常重要，企业必须综合考虑各方面因素，慎重做出决策。

## 二、制造业厂址选择的影响因素

制造业厂址选择的重点在于追求成本最小化。制造业的厂址选择是一个长期的责任范畴，并对企业的成本产生深远的影响。正确的厂址选择能够降低企业的总体运作成本，帮助企业获得充足的原材料及劳动力资源，从而提升企业的竞争优势。

影响制造业厂址选择的因素非常多，主要包括这几个方面：原材料供应条件、人力资源条件、交通运输条件、市场条件、气候条件、基础设施条件、社会文化及生活条件以及政治、经济、法律和政策条件，如图5-1所示。

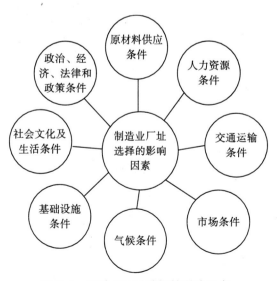

**图 5-1　制造业厂址选择的影响因素**

### （一）原材料供应条件

对原材料依赖性比较强的制造业企业应选择靠近原材料产地的厂址，这样可以保证稳定的原材料供应。如新鲜蔬菜和新鲜水果的加工企业应选在靠近蔬菜和水果的生产地，避免长途运输过程中引起腐烂变质而给企业带来损失；家具制造厂应尽可能离木材产地比较近，以降低运输成本。

### （二）人力资源条件

人力资源是企业选址时应考虑的一个关键因素，因为不同性质的企业对人力资源的要求不同。如高科技企业需要高水平的科技人员，因此它们选址时，应首先考虑该地区是否为高素质人力资源集中的地区；劳动密集型企业的选址应考虑该地区是否既能提供大量符合要求的熟练劳动力，又能降低劳动力成本。

### （三）交通运输条件

企业的一切生产经营活动都离不开交通，所以厂址选择不得不考虑交通运输条件。一般来讲，运输量比较大的企业，如钢铁、煤炭、石油化工等工厂则应考虑建在铁路、公路、水路等运输条件较为便利的地方。

### （四）市场条件

选址靠近市场可以给企业带来很多好处，如降低产品运输成本，快速响应市场，更加了解消费者，提高服务水平等。这里讲的市场是指广义市场，可以是一般消费者，也可以是某种产品批发中心，也可以是在产业链上相关的其他企业。现在市场选择的趋势是，发达国家的企业选择在第三世界国家建立工厂，除了考虑环境污染外，还能靠近消费者市场。

### （五）气候条件

某些产品的生产过程会对气候条件具有较高的要求，如光照、气压、湿度、温度、风向等气候因素会对大规模集成电路、半导体元器件、精密仪器等产品的生产造成一定的影响。因此企业在进行厂址选择时，应根据其产品的特征，对气候条件因素加以考虑。

### （六）基础设施条件

基础设施是否完善影响着企业正常的生产经营活动，所以基础设施是企业选址应考虑的因素。一般来讲，基础设施包括能源供应、交通便利、通信设施等因素。如电解铝厂要消耗大量的电力，因此应选择在电力丰富且电价较低的地区建厂。

### （七）社会文化及生活条件

每个地区的居民生产习惯、消费习性、宗教信仰、文化教育水平等因素是不同的，企业生产的产品必须要符合这些社会条件，才能受当地居民的欢迎，否则产品是销售不出去的。因此企业选址必须考虑当地的社会文化及生活条件。

### （八）政治、经济、法律和政策条件

为了获得有利的竞争条件，企业通常会选择在政治环境稳定、经济发展潜力大、法律法规健全以及具有政策优惠的地区建立工厂。特别是有些国家为了迅速提高国内某些产业的发展水平或者经济发展水平，会提出优惠政策吸引外资，为外资企业提供良好的经营环境，因此企业选址必须要考虑这些因素。此外，厂址的选择还受到其他一些因素的影响，如环境保护条件、科技发展条件、节能减排条件、公共设施费用负担、价值链的建设、社区人文条件等。

## 【案例5-1】

## 数字设备公司的选址因素

数字设备公司（Digital Equipment Corporation，DEC）是美国一家大型的计算机制造企业，其主要的市场集中在欧洲国家。对于其国外的制造工厂的选址问题，DEC主要分析以下9个因素：

（1）廉价、熟练劳动力的分布。

（2）运输的时间和成本。

（3）获得原材料的距离和时间。

（4）原材料成本。

（5）顾客与供应商的地理位置。

（6）当地市场占有率目标。

（7）保税区的分布。

（8）补偿贸易情况。

（9）出口管理措施。

基于以上的选址因素，DEC 使用一种线性回归模型方法进行一年半到五年的预测，从而制定选址方案。

## 三、制造业厂址选择的主要步骤

制造业厂址选择的影响因素众多，在实际决策中所考虑的影响因素绝不止上述所列出的因素，因此制造业厂址选择是一个复杂的决策过程。具体来说，制造业厂址选择通常包括下列步骤，如图 5-2 所示。

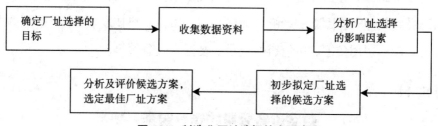

图 5-2　制造业厂址选择的主要步骤

### （一）确定厂址选择的目标

制造业厂址选择的第一步是要明确其建厂的目的，从而确定一个厂址选择的目标。制造业的厂址选择主要有三种情况：其一是新建工厂的选址；其二是工厂新址扩建或原地改建；其三是工厂迁移。这三种情况下的厂址选择目标是不同的，如表 5-1 所示。

表 5-1　制造业厂址选择的目标

| 制造业厂址选择的情况 | 制造业厂址选择的目标 |
| --- | --- |
| 新建工厂的选址 | 使企业投入最小，产出最大，并获得高效益、高利润 |
| 工厂新址扩建或原地改建 | 以整体最优为目标，既要考虑扩建和改建的费用与效益，还要考虑新建生产设施与原有生产设施的兼容性和继承性 |

| 制造业厂址选择的情况 | 制造业厂址选择的目标 |
|---|---|
| 工厂迁移 | 选址目标应与问题的解决密切联系起来，并需要分析研究工厂迁移的原因和可行性，如降低生产成本、扩大工厂生产规模、防止环境污染等 |

### （二）收集数据资料

企业进行厂址选择时需要收集各种影响因素的数据资料，如原材料供应地的位置、运输费用、劳动力的工资水平等。同时，企业还需要掌握与当地有关的工商税务、土地征用、经济发展规划等数据资料。

### （三）分析厂址选择的影响因素

在数据资料的基础上，对各种厂址选择的影响因素进行细致的分析，从而明确哪些是主要因素、哪些是次要因素，并分析这些因素对目标的影响程度。

### （四）初步拟定厂址选择的候选方案

在前三步工作的基础上，通过比较分析，并结合建厂的基本要求，初步拟定若干个厂址选择的候选方案，以供下一步研究分析。

### （五）分析及评价候选方案，选定最佳厂址方案

采用定量与定性相结合的方法对各个候选方案进行分析与评价，最终确定最佳的厂址选择方案。

## 四、服务业选址的影响因素

制造业的厂址选择关注的是成本的最小化，而服务业的选址关注的则是收入的最大化。服务业的选址是面向市场的，服务业选择不同的地理位置，对其成本影响很小，但对其收入影响很大。

服务业选址的影响因素主要有以下几个方面：①消费者的购买能力；②该地区的竞争情况；③竞争对手的选址；④该地区市场竞争的激烈程度；⑤交通条件及交通费用；⑥停车场所的位置；⑦企业的设施及相邻产业情况；⑧企业的经营战略；⑨企业管理水平；⑩其他相关因素，如治安、银行、消防等。

**【案例 5-2】**

## 选址为联邦快运赢得了竞争优势

联邦快运公司的创始人兼总裁福瑞德·史密斯曾在小件包裹运输服务上提出了中央轴心的概念，并通过实践证明了中央轴心系统是一个高效率的小件包裹运输服务系统。

福瑞德·史密斯选择了美国田纳西州的孟菲斯作为公司运输的中央轴心所在地。孟菲斯处于美国中部地区，气候条件优越，从而减少气候条件对飞行的限制。而且由于机场不拥堵，飞机飞行快捷畅通，在过去的 25 年里，联邦快运从来没有发生过空中事故。尽管中央轴心的位置只能容纳少量的飞机，但能够为之服务的航空网点要比传统的航空系统多。而且中央轴心系统也有助于减少包裹运输上的延误，从而提高了小件包裹运输服务的效率。

资料来源：Richard B.Chase.S.生产与运作管理 [M].北京：机械工业出版社，1999.

## 五、服务业选址的主要步骤

同样地，服务业选址的影响因素也有很多，在实际的服务业选址中，通常遵循以下步骤，如图 5-3 所示。

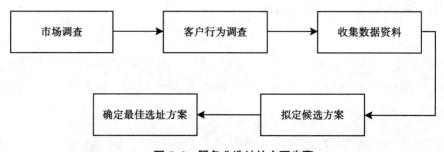

**图 5-3　服务业选址的主要步骤**

### （一）市场调查

企业选址时需进行市场调查，以明确该地区的市场特点、该地区的竞争情况、该地区竞争对手的位置，并确定企业的目标客户。当某地区目标客户相对集中时，就可以考虑该地区附近的候选位置。

**（二）客户行为调查**

企业通过客户行为调查就能够了解到客户的各种行为特征，并基于此明确其选址目标。

**（三）收集数据资料**

企业进行选址时需要收集各种影响因素的数据资料，如目标客户的集中地区、不同地区的人均收入水平及消费水平、不同地区的交通情况、不同地区的竞争情况等。

**（四）拟定候选方案**

在数据资料的基础上，对各个选址的影响因素进行细致的分析，从而拟定若干个选址的候选方案，并预测每个方案的竞争增长趋势、消费水平、收入与成本等。

**（五）确定最佳选址方案**

采用定量与定性相结合的方法对各个候选方案进行分析与评价，从而确定最佳的选址方案。

# 第二节　厂址选择的分析方法

若一个企业具有地理位置优势的话，那么这个企业就等于成功了一半。

——佚名

## 一、分级加权法

在厂址选择的评价方法中，比较常用的是分级加权法，其运用步骤如下：首先，列出与厂址选择有关的影响因素，并根据实际情况，确定影响因素的评分尺度。一般规定评分尺度的范围为1~10或1~100。根据每一个影响因素在厂址选择中的重要性程度，对它们赋予权重。其次，组成评价小组，按照规定的评分尺度对每一个厂址候选方案的影响因素进行定级评分。最后，把每个厂址候选方案的影响因素的评分乘以权重，得到该候选方案的加权总分。根据总分，确定厂址的选择方案。

## 【案例 5-3】

### 分级加权法的应用

某家电生产企业因业务扩展的需要，决定新建一个工厂。该企业目前有三个候选厂址，分别为 A、B、C。企业的总经理经过综合考虑，选定了 10 个影响因素，并根据实际情况，设定各个影响因素的权数，最后将确定的权数和企业评分结果汇总，如表 5-2 所示。

表 5-2 分级加权法汇总表

| 影响因素 | 权数 | 厂址 A | | 厂址 B | | 厂址 C | |
|---|---|---|---|---|---|---|---|
| | | 企业评分 | 加权得分 | 企业评分 | 加权得分 | 企业评分 | 加权得分 |
| 交通运输条件 | 5 | 7 | 35 | 5 | 25 | 8 | 40 |
| 市场条件 | 5 | 6 | 30 | 9 | 45 | 7 | 35 |
| 基础设施条件 | 5 | 5 | 25 | 7 | 35 | 9 | 45 |
| 政治、经济、法律和政策条件 | 5 | 9 | 45 | 8 | 40 | 6 | 30 |
| 原材料供应条件 | 4 | 8 | 32 | 7 | 28 | 4 | 16 |
| 社会文化及生活条件 | 4 | 7 | 28 | 8 | 32 | 6 | 24 |
| 环境保护条件 | 4 | 7 | 28 | 5 | 20 | 6 | 24 |
| 人力资源条件 | 3 | 9 | 27 | 4 | 12 | 6 | 18 |

| 影响因素 | 权数 | 厂址 A | | 厂址 B | | 厂址 C | |
|---|---|---|---|---|---|---|---|
| | | 企业评分 | 加权得分 | 企业评分 | 加权得分 | 企业评分 | 加权得分 |
| 地质条件 | 3 | 8 | 24 | 7 | 21 | 5 | 15 |
| 气候条件 | 2 | 4 | 8 | 5 | 10 | 7 | 14 |
| 总计 | | 282 | | 268 | | 261 | |

由表 5-2 的总计得分可知，厂址 A、B、C 的总分分别为 282 分、268 分、261 分，其中厂址 A 的总得分最高，故选择厂址 A。

## 二、重心法

在制造业中，工厂距离原材料供应地的远近是厂址选择的重要因素，因为运输成本占生产成本的比例很高。如果在企业的生产成本中运输成本占据很大比例，那么可以运用重心法来选择厂址的地理位置。重心法的基本思路是选择与原材料供应地的运输距离最近的厂址。

重心法的基本步骤如下：

### （一）建立一个直角坐标图

将企业主要的原材料供应地或销售目的地标注在直角坐标图上，就可以获得目的地坐标，如图 5-4 所示。

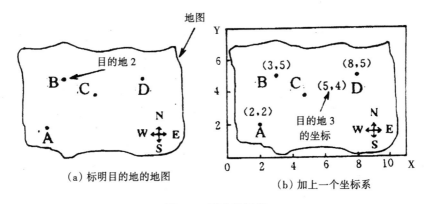

（a）标明目的地的地图　　　　（b）加上一个坐标系

**图 5-4　重心法示意**

## （二）计算厂址与原材料供应地或销售目的地的运输量

计算新建厂址的位置坐标，即重心坐标，从而使新厂址与各原材料供应地或销售目的地之间的总运输距离最小。

重心坐标的计算公式如下：

$$X_0 = \frac{\sum\limits_{i=1}^{n} Q_i X_i}{\sum\limits_{i=1}^{n} Q_i} \qquad Y_0 = \frac{\sum\limits_{i=1}^{n} Q_i Y_i}{\sum\limits_{i=1}^{n} Q_i}$$

其中，$X_i$ 表示第 i 原材料供应地或销售目的地离零点坐标在 X 方向的距离；$Y_i$ 表示第 i 原材料供应地或销售目的地离零点坐标在 Y 方向的距离；$X_0$、$Y_0$ 表示选定的厂址离零点坐标在 X 方向及 Y 方向的距离；n 表示主要原材料供应地或销售目的地的数目；$Q_i$ 表示第 i 材料的年运输量。

## （三）选择离重心坐标最近的坐标点作为厂址的位置

由于重心法只能粗略地估计厂址的大概位置，因此在进行实际厂址选择时，还要根据其他影响因素及条件的综合分析来确定最佳厂址的位置和地点。

## 【案例 5-4】

# 重心法的应用

某企业计划新建一个机械制造工厂，该工厂共有三个原材料供应地，分别为 A、B、C。这三个原材料供应地的坐标及对该工厂的年运输量如表 5-3 所示。假设原材料的运输费相同，求该工厂的最佳地理位置。

表 5-3　原材料供应地的坐标及运输量

| 原材料供应地 | $X_i$ 坐标（千米） | $Y_i$ 坐标（千米） | 年运输量（吨） |
| --- | --- | --- | --- |
| A | 100 | 70 | 2000 |
| B | 250 | 80 | 1500 |
| C | 300 | 60 | 1000 |

根据重心法，求新厂址的指标值 X 与 Y：

$$X = \frac{100 \times 2000 + 250 \times 1500 + 300 \times 1000}{2000 + 1500 + 1000} = 194$$

$$Y = \frac{70 \times 2000 + 80 \times 1500 + 60 \times 1000}{2000 + 1500 + 1000} = 71$$

根据计算结果可知，新建工厂应该选择在坐标为（194，71）的位置。

## 三、线性规划的运输方法

对于许多生产性企业来说，选址时需要考虑的一个重要问题就是产品或原材料的运输，因此，选址问题有时候也可以归结为运输问题。而线性规划的运输法可以有效地解决一个产地到多个目标地或多个产地到多个目标地的运输问题，因而也可以用于选址决策。

### 【案例 5-5】
#### 线性规划的运输方法的应用

某公司现有 3 个位于不同地区的产品销售地 A、B 和 C 及 2 个工厂 K1 和 K2，两个工厂位于不同的城市。假设每个工厂每月的产能为 2100 吨。为适应市场需求，该公司决定再建立一个新工厂。经过调查研究和估点法评价，确定 X 和 Y 两个地点可建工厂。有关资料如表 5-4 所示。

表 5-4　需求量及运输费用

| 产品 销售地 | 产品销售量 （吨/月） | 单位运输费 （元） | | | |
|---|---|---|---|---|---|
| | | K1 | K2 | X | Y |
| A | 2400 | 15 | 27 | 48 | 51 |
| B | 2400 | 27 | 12 | 24 | 27 |
| C | 1800 | 45 | 24 | 9 | 15 |

首先，假设工厂 X 已选中，用运输问题算法求总运输费用。该问题的解如表 5-5 所示。

**表5-5 假定工厂X选定情况下运输问题最优解**

| 产品销售地 | 工厂 | | | | 产品销售量 |
|---|---|---|---|---|---|
| | K1 | K2 | X | 虚拟工厂 | |
| A | 2100 | | | 300 | 2400 |
| B | | 2100 | 300 | | 2400 |
| C | | | 1800 | | 1800 |
| 产量 | 2100 | 2100 | 2100 | 300 | |

在表5-5中，为了实现产销平衡，需设置一个虚拟工厂放置产品。对于工厂K1，其将产品运送至销售地A的运输成本最低，因而选择销售地A；对于工厂K2，其将产品运送至销售地B的运输成本最低，因而选择销售地B；对于工厂X，其产品运送至销售地B和C的运输成本最低，因而选择销售地B和C。

则工厂X作为选定点的总运输费为：

$2100 \times 15 + 2100 \times 12 + 300 \times 24 + 1800 \times 9 = 80100$ （元）

用同样的方法，计算得出工厂Y作为选定点的总运输费为：

$2100 \times 15 + 2100 \times 12 + 300 \times 27 + 1800 \times 15 = 91800$ （元）

比较工厂X和Y，由于工厂X的总运输费小于Y的总运输费，所以选择工厂X。

资料来源：林光. 企业生产运作管理 [M]. 北京：清华大学出版社，2006.

# 第三节 设施布局的内容和基本类型

合适的设施布局对于企业而言意味着效率的提高。

——佚名

## 一、设施布局的基本内容

设施布局是一项复杂的系统工程。一般来说，设施布局是指在确定的空间内，对企业的生产运作单位进行合理有效的位置安排，以便企业能高效地进行生产运作管理。设施布局应立足于企业当前的实际情况，同时还需要统筹兼顾，合理部署，充分考虑企业的长远发展，使各个生产运作单位之间相互协调联系，从而有效提高生产效率，降低生产成本，并达到整体最优的效果。

**【拓展阅读】**

### 企业进行设施布局的原因[1]

（1）改进无效率的生产运作；

（2）降低运作成本；

（3）降低意外事故发生率；

（4）改进产品或服务设计；

（5）提高产量及改变产出构成；

（6）环境或其他法律要求发生了改变。

## 二、设施布局的目标

设施布局是提升企业长期运作效率的关键性因素之一，能够使企业在产量、产能、流程、成本及柔性等方面获得改进，从而使企业保持竞争优势。设施布局

---

① 威廉·J. 史蒂文森.生产与运作管理［M］.北京：机械工业出版社，2000.

作为一项系统工程，其目标十分明确，就是建立一个优化的物质系统，提升企业总体运作效率，并降低企业总体成本。

由于行业特征的差异，不同行业设施布局的具体目标和做法各不相同。各个行业设施布局的具体目标如下：

**（一）制造业设施布局的目标**

（1）降低物料运输成本，尽量缩短物料运输的距离。

（2）经过合理的布局安排，提高生产运作效率。

（3）提供足够的生产能力。

（4）合理划分生产区域。

（5）提高生产空间的利用率。

（6）改善工作环境。

（7）适应生产变化，留有合理的扩展余地。

（8）便于设备维护。

（9）保证员工的安全与健康。

（10）与社区环境相协调。

**（二）服务业设施布局的目标**

（1）更便捷地为客户提供优良的服务。

（2）尽量缩短客户的运动距离，便于客户尽快获得其所需的服务。

（3）合理安排空间，促进员工与客户的交流。

（4）合理安排员工的工作区间，便于员工进行工作交流。

（5）为员工与客户设立休息区，提供人性化的服务。

（6）为客户设立投诉点，不断提升企业的服务质量。

**（三）仓储业设施布局的目标**

（1）降低货物运输成本。

（2）提高货物运输的装卸效率。

（3）提高仓库提货及订单处理的效率。

（4）合理设置与安排货物装载设备。

（5）提高库存记录的准确性。

## 三、设施布局的影响因素

一般来说，影响企业生产运作单位构成的主要因素有：产品或服务、企业规模、生产专业化水平、设备的技术水平，如图 5-5 所示。

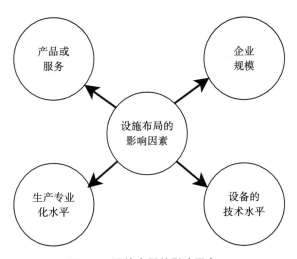

**图 5-5　设施布局的影响因素**

### （一）产品或服务

企业生产的产品或提供的服务从根本上决定了企业设施布局的要求。不同类型、不同品种、不同结构、不同工艺的产品，其所需的设施布局安排也有所不同。如汽车生产企业通常按照汽车的冲压工艺、焊接工艺、涂装工艺以及总装工艺来布置其生产运作单位；而香皂生产企业则根据其干燥、拌料、研磨、压条、成型、冷却以及包装工艺来安排其设施布局。

同理，对于服务业而言，由于服务在内容、性质、类型上具有差异性，其设施布局也会有所不同。

### （二）企业规模

企业规模是指企业的人力资源、生产设备、生产物资等集中的程度。企业的规模越大，需要设置的生产单位越多，其设施布局就越复杂。如大型设备生产企业需要根据不同的工艺及流程，将生产运作单位分配到各个车间，而且还要考虑每个车间内部各个设备的布局；而小型的手工制造企业则能将其所有的加工设备安排在同一个空间内，其设施布局的难度也大大地缩小了。

### （三）生产专业化水平

生产专业化是一种将工艺、结构、流程相同或相似的产品集中到同一地点进行加工装配的生产组织方式。生产专业化有利于降低企业的生产成本，提高企业的生产效率。企业产品生产专业化水平不同，其设施布局也有所差异，往往企业的生产专业化水平越高，其相关设备的布局安排就越集中。

### （四）设备的技术水平

通常，企业生产设备的技术含量越高，生产的自动化水平就越高，其所需的配套设备及人员就越少，那么车间的设施布局就比较简单。反之，则比较复杂。

## 四、设施布局的基本类型

### （一）产品对象专业化布置

这种设施布置方式与第二章第三节所提到的对象专业化的生产组织方式相对应，是一种按照产品的加工顺序及加工路线来设置生产运作单位的布局方式。

在连续式或重复式的产品生产中，产品对象专业化布置能够使生产人员及设备的利用率达到最高。目前，多数企业的生产线都是使用这种布置方式进行设施布局，如微波炉生产线、电视机生产线、汽车生产线等都是按照产品对象专业化布置的。

### （二）工艺对象专业化布置

这种设施布置与第二章第三节所提到的工艺专业化的生产组织方式相对应，是一种按照产品的工艺阶段的特点来设置生产运作单位的布局方式。这种类型的设施布局通常根据工艺的特征和类型进行划分和安排，带有明显的工艺专业化的特征。

工艺对象专业化布置是制造业典型的布局方式。如机械制造企业按照产品的工艺特点，将工厂分为机械加工车间、车工车间、锻造车间、铣工车间等多个车间。在服务业中也存在工艺对象专业化的布置，如在大学里，根据对学生和老师的服务内容不同，将其行政部门分别设置为校长办公室、教务处、总务处、财务处、科研处、后勤办公室等。

### （三）固定布置

固定布置与产品对象专业化布置相反，其加工对象的位置保持固定不动，而工人、设备、物料则按照生产需求进行移动，并对加工对象进行加工制造。通常对于那些重量、体积都很大且难以移动的产品，如船舶、飞机、锅炉、重型机床等，它们的生产都采用固定布置的方式。固定布置还被用于大型建设项目中，如公路、桥梁、大楼等的制造。某些服务业的设施布局也采用固定布置的方式，如医院的手术室等。

### （四）零售商店布置

零售商店的设施布局不同于制造工厂的设施布局，其关注于如何增加顾客与产品的接触程度，从而提升其销售额。通常在零售商店中，展示给顾客的产品数量越多，其销售率就会越大，投资回报率也会越高。

一般来说，零售商店布置有以下几种方法：

（1）将高利润的商品，如化妆品、护肤品、烟酒等放置在商场最引人注目的位置，以吸引顾客购买。

（2）将目标顾客的常购商品布置在商场的四周，以方便顾客选购。

（3）将那些能决定顾客购物路径的商品放置在商场的过道两边。

（4）商场的进出口有较高的展示率，因此需在这些地方布置尽量多的商品或促销产品。

### （五）办公室布置

办公室的设施布局不同于制造工厂的设施布局以及零售商店的设施布局，其目的在于促进工作信息的交流和处理。

一般来说，办公室布置包括以下步骤：

（1）估计办公室的工作量，从而确定每个部门的人员数以及办公设备数。

（2）根据人员数目确定办公空间的总面积，同时还要考虑公共空间的设置，如员工休息室、洗手间、档案室、茶水间等。

（3）根据实际的办公情况，将办公空间按一定的比例分配给各个工作人员。

### （六）仓库布置

通常许多制造工厂或零售商店都设置有仓库，以对物料或货物进行规范的放置。仓库布置的目标是在极大限度利用仓库空间的同时，尽可能地降低库存成本及运输成本，提高仓库的运作效率。

企业对其仓库进行布置时，应遵循以下三个原则：

（1）将具有相似性或相关性的物料或货物靠近放置，以减少重复取货的时间及费用。

（2）将使用程度频繁的物料或订购次数较多的货物放置在仓库的入口处，而那些不常使用的物料或订购次数较少的货物放置在仓库的后方。

（3）合理设置仓库货架的高度、过道的宽度及数量，以便于工作人员进行取货或盘点货物。

## 【案例 5-6】

### 匹兹堡国际机场的布局

匹兹堡国际机场将候机楼设计成 X 形，该候机楼主要由不同的自动扶梯和一个行李运送系统组成。X 形候机楼通过自动扶梯、移动人行道以及"短程穿梭火车"，能在大约 11 分钟内将乘客送达 75 个登机门中的任何一个。同时，这种设计为喷气机登机门提供了双重的停机坪跑道，使得飞机的起飞和降落变得高效有序。这一系列的设计，能够有效地提高机场的运作效率，并减少了飞机的延误。据统计，匹兹堡机场的航线每年能够节约 1500 万美元的运行费用。匹兹堡国际机场卓越的机场布局设计为其赢得了竞争优势。

资料来源：杰伊·海泽，巴里·雷德. 生产与作业管理教程 [M]. 潘杰夫译. 北京：华夏出版社，1999.

# 第四节　设施布局的方法

好的设施布局是企业进行生产的基础，它能够帮助企业合理安排生产中的各项细节。

——佚名

## 一、设施布局的基本步骤

设施布局的目的是充分地利用有限的空间，并且使各个设施能够更好地运行。设施布局的步骤大致可分为：①收集设施布局的相关资料，如可用面积、设施之间的关系、限制条件等；②确定初步的平面布置方案，对方案进行审核；③利用限制条件和方案审核中发现的问题，对布局方案进行调整；④不断优化布局方案，直到达到最优，并确定最终布局方案。

## 二、设施布局计划（SLP）

设施布局计划（SLP）又称系统布置计划，是从设施之间的关系出发，结合设施间关系、设施数量、面积、形状等进行设施布局的一种科学的方法。设施布局的关键就是确定各个设施之间的关系和流量。下面将介绍设施布局的具体步骤。

### （一）设施关系分析

设施关系分析主要是考虑设施彼此间的重要性及相关的原因，确定这两个问题后，就可以利用作业相关图法对设施进行初步的布局。作业相关图法的核心是根据设施的相对重要性来进行布局。其大致步骤为：首先，对所要布局的设施之间的相对位置的重要性进行考量，用代号确定彼此间的重要性。代号与相对重要程度如表 5-6 所示。其次，列出彼此间相关的原因及代号，如表 5-7 所示。最后，根据相对重要性和相关原因画出作业相关图，通过构造"关系树"或计算相关原因积分，对设施进行布局。

表 5-6　代号与相对重要性分类

| 代号 | 相对重要性 | 代号 | 相对重要性 |
|------|-----------|------|-----------|
| A | 非常重要 | O | 一般 |
| E | 很重要 | U | 不重要 |
| I | 重要 | X | 无关系 |

表 5-7　代号及相关原因

| 代号 | 相关原因 |
|------|---------|
| 1 | 便于信息和资料的传递 |
| 2 | 便于人员的调配和沟通 |
| 3 | 有利于改善环境 |
| 4 | 便于管理 |
| 5 | 保证工作连续性 |
| 6 | 共用设备 |

## 【案例 5-7】

## 作业相关图法的应用

某一工厂要对某一车间内的 7 个设施进行布局，工厂已经确定了各个设施之间的作业相关图，如图 5-6 所示，请给出该厂的布局方案。

首先，根据作业相关图，画出设施之间的关系树，一般从一个设施开始。如图 5-6 所示，就从设施 1 开始画关系树，由作业相关图可知，设施 1 与设施 2

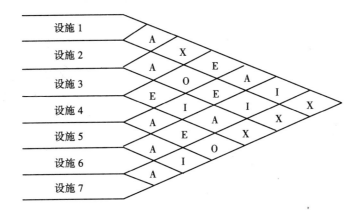

图 5-6　作业相关图

和设施 5 之间的相对重要性程度为非常重要，也就是说它们三者应是紧靠着的。
如图 5-7（a）所示。

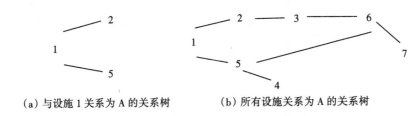

（a）与设施 1 关系为 A 的关系树　　　　（b）所有设施关系为 A 的关系树

图 5-7　关系树

其次，画出在关系为 A 时各个设施之间的关系树，如图 5-7（b）所示。

最后，根据设施布局的限制条件，对设施进行布局，初步结果如图 5-8
所示。

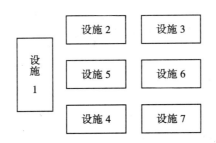

图 5-8　布局初步结果

### （二）物资流量分析

不同设施之间存在资源（物、人、信息）的流动时，为了保证这些资源以最小的经过距离和最低的成本通过各个设施，就需要对流量进行分析。物资流量分析一般不能一次得到最佳结果，需要通过多次的试验比较，直至最优。下面通过一个例子来介绍物资流量分析的方法。

## 【案例5-8】

## 物资流量分析

某工厂为其设施布局做优化，为了能让工人到各个设施的运动路线最短，该工厂采用了物资流量分析的方法来进行设施布局，并依据各个设施之间运动的人流量进行分析，如表5-8及表5-9所示。

**表5-8　工厂设施间运动的人流量**

| | 设施1 | 设施2 | 设施3 | 设施4 | 设施5 | 设施6 | 设施7 |
|---|---|---|---|---|---|---|---|
| 设施1 | | 200 | 350 | 150 | 100 | 300 | 150 |
| 设施2 | 160 | | 300 | 250 | 200 | 150 | 75 |
| 设施3 | 200 | 250 | | 150 | 230 | 100 | 150 |
| 设施4 | 100 | 200 | 150 | | 108 | 130 | 200 |
| 设施5 | 90 | 150 | 200 | 98 | | 156 | 79 |
| 设施6 | 250 | 100 | 90 | 100 | 100 | | 223 |
| 设施7 | 90 | 50 | 125 | 142 | 50 | 110 | |

**表5-9　工厂设施间工人流量合计**

| | 设施1 | 设施2 | 设施3 | 设施4 | 设施5 | 设施6 | 设施7 |
|---|---|---|---|---|---|---|---|
| 设施1 | | 360 | 550 | 250 | 190 | 550 | 240 |
| 设施2 | | | 550 | 450 | 350 | 250 | 125 |
| 设施3 | | | | 300 | 430 | 190 | 275 |
| 设施4 | | | | | 206 | 230 | 342 |
| 设施5 | | | | | | 256 | 129 |
| 设施6 | | | | | | | 333 |
| 设施7 | | | | | | | |

设施间流量合计确定后，就将设施间流量大的设施安排在一起，因此布局结果如图 5-9 所示。

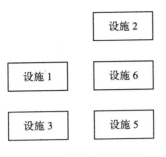

**图 5-9 初步布局方案**

### （三）调整布局，绘制初步的布局图

根据布局面积，结合设施关系分析和物资流动分析，对布局做进一步的调整，保证设施布局更加合理的同时又充分利用面积，并在此基础上绘制初步的布局图。

### （四）对布局图进行调整，以达到最优

根据限定的条件及一些特殊情况，对布局进行不断优化，以使各个设施的位置安排达到最合理的情况。如通过反复地变换设施的相对位置，直到费用不能再减少为止。

### （五）方案的最终确定

通过上述四个步骤的工作，能够从众多的设施布局方案中选出较优的候选方案。采用定量与定性相结合的方法对各个候选方案进行分析与评价，最终确定最佳的方案。

## 本章小结

选址在一定程度上影响了企业的竞争力。对于制造业而言，选址是成本控制的关键；对于服务业而言，选址是盈利的基础。对于不同的企业而言，

各种选址因素的影响程度也是不同的。企业在考虑各种选址因素的基础上，应该运用合理的分析方法，来确定其合适的选址方案。企业常见的厂址选择的分析方法包括：分级加权法、重心法和线性规划的运输方法等。企业采用合适的选址分析方法能为企业确定最优的选址方案，从而节约运营成本，获得竞争优势。

设施布局是选址之后的一个重点战略决策，它将长期影响企业的生产运作活动，因此应该以科学有效的方法制定设施布局方案，使其发挥最大效用。

# 第六章　生产计划

## 另类生产计划大放光彩——某电器开关厂的滚动生产计划模式

某电器开关企业属于按订单生产型的企业，其需要严格按照客户的需求订单来安排生产。该企业往往会面对这样的难题，一年中通常都要处理上千份订单，且订单常会因为客户临时的需求变动而发生变动，并时常发生经常性插单、突击赶工、停工待料等现象，使其生产陷入被动。

为了应对以上问题，该企业决定采用滚动式的生产计划，即一次编制三年的生产计划，并且第一年为执行计划，第二年为准备计划，第三年为销售计划，如图 6-1 所示。

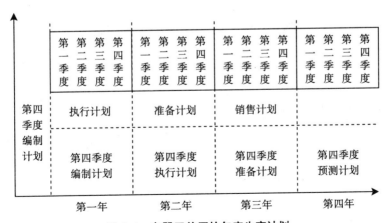

图 6-1　电器开关厂的年度生产计划

采用这种"边执行、边调整、边滚动"的生产计划，能够帮助企业解决订单临时变化的问题。例如，当企业在第二年遇到插单的情况时，企业就可以根据在第一年已经制订好的计划，一边执行计划，一边对计划做出调整，从而保证了企业生产的正常运行。

资料来源：朱旻. 生产计划与执行—操作手册 [M]. 北京：人民邮电出版社，2007.

【案例启示】生产计划是企业安排生产的最基本的步骤，合理的生产计划是企业后续生产的前提，没有合理的生产计划，企业的生产也不能顺利地实施。俗话说，"预则立，不预则废"，生产计划的重要性不言而喻。那么什么是生产计划？怎样合理地安排生产计划？怎么对生产能力进行分配，以匹配企业的生产计划？这些问题都将在本章得到解决。

**本章您将了解到：**

● 生产计划的内涵、构成以及指标

● 综合生产计划的主要目标以及编制方法

● 主生产计划的内涵、功能、编制以及基本流程

● 能力需求计划的内涵

● 粗能力计划及细能力计划的内容

# 第一节　生产计划概述

计划的制订比计划本身更为重要。

——戴尔·麦康基

## 一、生产计划的内涵

生产计划是一个对产品品种、质量、产量、产值和出产期等方面进行安排和规划的总体计划。生产计划对整个生产运作系统的总体运行具有深远的影响，是一个指导企业生产活动的纲领性文件。

生产计划一方面是为了满足顾客要求的三要素而制定的，这三要素是指交货期限、产品品质、产品价格；另一方面是为了使企业能够获得盈利，而对生产三要素所制订的计划，这里生产三要素则是指原材料、劳动力、机器设备。

## 二、生产计划的构成

一般来讲，生产计划由三部分构成：综合生产计划、主生产计划和物料需求计划。这三种计划分别属于不同的层次。

### （一）综合生产计划

综合生产计划是一种为保持资源和生产需求之间的平衡而做的中期性计划。它需要运用一些数学技术，如线性规划、仿真模型等来确定劳动生产率、劳动力水平以及库存水平的最佳组合。

 【拓展阅读】

#### 线性规划的步骤

线性规划是生产计划中较为常用的方法。因此需要注意线性规划的操作步骤：

（1）列出约束条件及目标函数。

（2）画出约束条件所表示的可行域。

（3）在可行域内求目标函数的最优解及最优值。

## （二）主生产计划

在综合计划确定之后，为了付诸实施，必须将综合生产计划进行分解，形成具体的产品产出计划，即主生产计划。主生产计划规定了企业出厂的产品、出厂产品量、出厂产品时间。

## （三）物料需求计划

在主生产计划确定之后，下一步要做的就是制订物料需求计划，以确保规定产品所需的全部物料以及资源能够及时供应，这些物料及资源包括原材料、零件、部件等。物料需求计划是指围绕主生产计划展开的生产所需的原材料和零部件的需求计划。物料需求计划的主要内容包括哪些材料需要外购、哪些零件可以自制、物料的最佳订货时间或生产时间、每次的订货量以及生产量等。

## 三、生产计划指标

生产计划的一个重要内容是确定生产计划的各项指标。生产计划的主要指标，如图 6-2 所示。

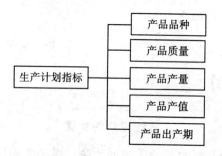

**图 6-2　生产计划指标**

## （一）产品品种

产品品种是指在计划期内，企业所生产产品的名称、规格、型号以及种类。产品品种反映企业适应市场需求的能力，企业生产的产品品种越多，往往就越能满足不同顾客的需求。产品品种还反映了企业开发新产品的能力和管理水平。

### （二）产品质量

产品质量是指在计划期内，企业生产的产品应达到的质量水平。产品质量通常以统计指标来衡量，如合格率、达产率、废品率、一等品率、返修率等。产品质量是衡量一家企业市场竞争力的重要标志。

### （三）产品产量

产品产量是指在计划期内，企业生产符合产品（服务）质量要求的实物数量或劳务数量。产品产量能够反映企业的生产能力及规模，是制订和检查产量完成情况以及原材料消耗情况的重要依据。

### （四）产品产值

产品产值是用货币形式来表示产品数量的指标。企业的产品产值有商品价值、总产值和净产值三种表现形式。产品产值通常用于评价企业生产运作的水平。

### （五）产品出产期

产品出产期是指企业为满足顾客需求而确定的按期交货的出产期限。在制订产品出产期时，一定要对公司的生产能力进行正确的估算。否则，不能按期交货给企业带来的就不仅是资金上的损失，更有可能影响到企业的声誉。

## 四、制订生产计划的一般步骤

生产计划的编制一般需要经过五个步骤，如图 6-3 所示。

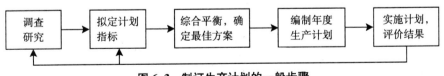

**图 6-3　制订生产计划的一般步骤**

### （一）调查研究

企业在制订某一时期的生产计划之前，需要对企业的经营环境进行调研，充分收集相关信息资料。这些信息资料包括两部分：一是企业外部环境信息，如国内外同行业的竞争程度及产业结构调整信息、消费者的需求信息等；二是企业内部环境信息,如企业的生产能力信息、企业现有库存量、企业上期计划的执行情况以及企业原材料的获得情况。

**(二)拟定计划指标**

计划指标的拟定是生产计划的核心内容。计划指标的拟定主要包括以下工作:产值指标的确定、总生产指标的分解、不同产品的搭配生产、产品生产进度的合理安排等。在同样的生产条件下,企业可以拟定多个可行计划方案作为备选方案。

**(三)综合平衡,确定最佳方案**

由于生产计划的制订是依据各种计划信息进行决策的结果,而且在计划执行过程中需要在不同部门的共同努力下才能完成。因此,生产计划的制订需要综合平衡各部门的工作任务。

经过综合平衡的考虑后,企业应选择使生产能力和现有资源都得到充分利用的备选方案,使企业的经济效益达到最佳。

**(四)编制年度生产计划**

经过反复核算和平衡,编制生产总体计划。一般来讲,为了提高各部门对生产计划的理解性、可接受性和可实现性,生产计划还需要分解为各个指标的计划。以产品产量计划为例,全年的产量计划制订后还需将其分解为各个季度的产量计划,如表 6-1 所示。

表 6-1 产品产量计划表(2010 年度)

| 产品名称 | 计算单位 | 上年预计 | | 计划年度 | | | | | |
|---|---|---|---|---|---|---|---|---|---|
| | | 1~9 月实际 | 全年预计 | 全年 | 一季度 | 二季度 | 三季度 | 四季度 | 备注 |
| 洗衣机 | 台 | 500 | 550 | 800 | 200 | 200 | 200 | 200 | |
| 冰箱 | 台 | 300 | 350 | 500 | 300 | 200 | — | — | |
| 外售套件 | 套 | 50 | 70 | 90 | 30 | 20 | 40 | — | |

**(五)实施计划,评价结果**

计划在实施的过程中需要及时地进行检查,如果实施的结果并未达到预定的目标,就要及时反馈并找出原因,采取整改措施。当企业的经营状况或市场环境发生重大改变时,也可以对生产计划进行修改或调整,以适应环境的变化。

# 第二节　综合生产计划的编制

对于管理者而言，计划通常可以作为一种战略决策的工具，但同时也要对计划进行管理和控制。

**——佚名**

## 一、综合生产计划的主要目标

综合生产计划是企业的整体计划，与其他部门计划相比，综合生产计划具有其特定的目标。

综合生产计划的主要目标包括：

使企业生产成本最小，获得利润最大；使企业能够及时为顾客提供产品或服务；企业为顾客提供最大价值的产品或服务；企业储存产品的库存费用最小；企业产品生产率稳定，波动幅度较小；企业员工工作效率高，流动率较低；企业可以充分利用生产设施和机器设备。

然而，这些目标之间也存在着一定的矛盾。如企业要实现及时为顾客提供产品或服务的目标，一般来说就需要通过库存来实现，而库存的增加会导致库存费用的增加，也会增加企业的生产成本，这就与企业生产成本最小的目标产生了冲突。此外，综合生产计划的目标有时还会和各部门的目标产生冲突。因此，企业在制订综合生产计划时需要综合考虑这些因素，确保综合生产计划能够发挥衔接长期战略计划与短期作业计划的作用，更好地实现组织的战略目标。

## 二、综合生产计划的编制方法

常用的综合生产计划编制方法包括试算法、运输矩阵法、线性规划法。其中试算法最易为人们接受和理解，是经常使用的方法，另外由于 Excel 等量化工具的出现，使这种方法的计算更加简单方便。

### （一）试算法

试算法是指通过计算不同生产计划方案下的成本，从中选择成本最小的方案确定为最佳方案的方法。较低的成本可以提高企业的盈利能力，但是在编制计划时需要考虑到企业的资源以及生产能力的限制。

## 【案例 6-1】

### 试算法的应用

A 公司制订了 2011 年下半年度的综合生产计划，已知的需求信息和成本信息如表 6-2 所示。

表 6-2　A 公司 2011 年下半年度的需求信息及成本信息

| 2011 年下半年度的预测需求（单位：件） | | | | | | | |
|---|---|---|---|---|---|---|---|
| 月份 | 1 月 | 2 月 | 3 月 | 4 月 | 5 月 | 6 月 | 总计 |
| 需求预测 | 400 | 400 | 500 | 600 | 400 | 200 | 2400 |
| 成本 | | | | | | | |
| 正常生产时的单位生产成本 | 20 元/单位 | | | | | | |
| 加班生产时的单位生产成本 | 25 元/单位 | | | | | | |
| 单位库存成本 | 1 元/单位 | | | | | | |
| 单位缺货成本 | 2 元/单位 | | | | | | |
| 单位外包生产成本 | 30 元/单位 | | | | | | |

A 公司拟定了两种综合生产计划方案：

方案 1：采取正常的生产方式，并以恒定的生产能力满足变化的市场需求。其中，期初库存量+正常生产量−需求预测>0 时，产生库存，则期末库存量=期初库存量+正常生产量−需求预测；当期初库存量+正常生产量−需求预测<0 时，产

生缺货，则缺货量＝期初库存量＋正常生产量－需求预测，本月缺货量累计到下一月份，平均库存量＝（期初库存量＋期末库存量）÷2。则方案1的相关成本如表6-3所示。

表6-3　方案1的成本计算

| 月份 | 1月 | 2月 | 3月 | 4月 | 5月 | 6月 | 合计 |
|---|---|---|---|---|---|---|---|
| 需求预测 | 300 | 400 | 500 | 600 | 400 | 200 | 2400 |
| 生产（单位：件） | | | | | | | |
| 正常生产量 | 400 | 400 | 400 | 400 | 400 | 400 | 2400 |
| 库存（单位：件） | | | | | | | |
| 期初库存量 | 100 | 200 | 200 | 100 | 0 | 0 | |
| 期末库存量 | 200 | 200 | 100 | 0 | 0 | 200 | |
| 平均库存量 | 150 | 200 | 150 | 50 | 0 | 100 | |
| 缺货量 | 0 | 0 | 0 | 100 | 100 | 100 | |
| 成本（单位：元） | | | | | | | |
| 正常生产成本 | 8000 | 8000 | 8000 | 8000 | 8000 | 8000 | 4800 |
| 库存成本 | 150 | 200 | 150 | 50 | 0 | 100 | 650 |
| 缺货成本 | 0 | 0 | 0 | 200 | 200 | 200 | 600 |
| 成本合计 | 8150 | 8200 | 8150 | 8250 | 8200 | 8300 | 49250 |

由表6-3可知，方案1的总成本为49250元。

方案2：根据需求预测改变生产能力，采取加班生产以及外包生产的方式满足市场需求。则方案2的相关成本如表6-4所示。

表6-4　方案2的成本计算

| 月份 | 1月 | 2月 | 3月 | 4月 | 5月 | 6月 | 合计 |
|---|---|---|---|---|---|---|---|
| 需求预测 | 300 | 400 | 500 | 600 | 400 | 200 | 2400 |
| 生产（单位：件） | | | | | | | |
| 正常生产量 | 300 | 300 | 200 | 400 | 300 | 200 | |
| 加班生产量 | 0 | 100 | 200 | 150 | 100 | 0 | |
| 外包生产量 | 0 | 0 | 100 | 50 | 0 | 0 | |
| 成本（单位：元） | | | | | | | |
| 正常生产成本 | 6000 | 6000 | 4000 | 8000 | 6000 | 4000 | 34000 |
| 加班生产成本 | 0 | 2500 | 5000 | 3750 | 2500 | 0 | 13750 |
| 外包生产成本 | 0 | 0 | 3000 | 1500 | 0 | 0 | 4500 |
| 成本合计 | 6000 | 8500 | 12000 | 13250 | 8500 | 4000 | 52250 |

由表 6-4 可知，方案 2 的总成本为 52250 元。

由于方案 1 的总成本小于方案 2 的总成本，所以 A 公司选用方案 1。

试算法得到的最优解只是一种局部的优化，可能是几种策略的组合，并不能保证得到最小成本方案，即整体最优方案。因此，这就需要借用数学方法来求出最优方案。

### （二）运输矩阵法

运输矩阵法是一种表格化的线性规划法，它也可以利用 Excel 表格求解，或者利用 QM 软件求解。如果要运用运输矩阵法来确定最优综合生产计划，必须要基于以下假设：每一计划期间的需求预测是已知的；计划期内的正常生产能力、加班生产能力和外包都有一定的限制；成本和产量为线性关系。

## 【案例 6-2】

## 运输矩阵法的应用

表 6-5 提供了某化工材料生产厂商所生产的 A 型高科技材料的市场需求量、生产能力以及成本等各方面数据，请利用运输矩阵法制定综合生产计划。

**表 6-5  A 型高科技材料的市场需求量、生产能力以及成本数据**

单位：件

| 季度 | 1 | 2 | 3 | 4 |
|---|---|---|---|---|
| 需求量 | 2000 | 2500 | 3200 | 1800 |
| 生产能力 | | | | |
| 正常生产 | 1800 | 2100 | 2100 | 1800 |
| 加班生产 | 350 | 350 | 350 | 350 |
| 外包生产 | 500 | 500 | 500 | 500 |
| 成本 | | | | |
| 正常生产成本 | 80 元/单位 | | | |
| 加班生产成本 | 130 元/单位 | | | |
| 外包生产成本 | 140 元/单位 | | | |
| 库存成本 | 4 元/季度 | | | |

　　将计划期期初库存、计划期的生产能力及有关成本数据输入到运输矩阵（见表6-6）中。表6-6表示运输模型及初步可行的解，其中，这个矩阵右上角的小框内填写的是每时期花费的总成本。

**表6-6　运输矩阵法制订综合生产计划**

| 生产计划期（原始资料） | | 计划期 | | | | 闲置生产能力 | 总的可能生产能力 |
|---|---|---|---|---|---|---|---|
| | | 1 | 2 | 3 | 4 | | |
| 期初库存 | | 300 [0] | [4] | [8] | [12] | 0 | 300 |
| 计划期1 | 正常 | 1700 [80] | 100 [84] | [88] | [92] | 0 | 1800 |
| | 超时 | [130] | [134] | 350 [138] | [142] | 0 | 350 |
| | 外包 | [140] | [144] | [148] | [152] | 500 | 500 |
| 计划期2 | 正常 | | 2100 [80] | [84] | [88] | 0 | 2100 |
| | 超时 | | 300 [130] | 50 [134] | [138] | 0 | 350 |
| | 外包 | | [140] | [144] | [148] | 500 | 500 |
| 计划期3 | 正常 | | | 2100 [80] | [84] | 0 | 2100 |
| | 超时 | | | 350 [130] | [134] | 0 | 350 |
| | 外包 | | | 350 [140] | [144] | 150 | 500 |
| 计划期4 | 正常 | | | | 1800 [80] | 0 | 1800 |
| | 超时 | | | | [130] | 350 | 350 |
| | 外包 | | | | [140] | 500 | 500 |
| 总需求 | | 2000 | 2500 | 3200 | 1800 | | |

　　根据该运输矩阵做出的综合生产计划如表6-7所示。

**表6-7　A型高科技材料的综合生产计划**

单位：件

| 计划期 | 正常生产 | 超时生产 | 外包生产 |
|---|---|---|---|
| 1 | 1800 | 350 | |
| 2 | 2100 | 350 | |
| 3 | 2100 | 350 | 350 |
| 4 | 1800 | | |

资料来源：张群.生产管理［M］.北京：高等教育出版社，2006.

### （三）线性规划法

线性规划是运筹学中应用最广泛的一个分支，由于线性规划的模型比较简单，理论和方法比较完善，又有许多可供使用的计算机软件，因此，线性规划在农业、工业、军事、交通运输业等领域中得到了广泛的应用。线性规划是在已知条件确定或者条件范围确定的情况下，以及在资源等约束条件的限制下，寻求目标函数的极值，来确定最优方案的方法。

线性规划包括三个基本结构要素：

#### 1. 决策变量

决策变量是决策者采用的模型所规定的选择方案，也就是模型要决定的未知量，用 $X_1$，$X_2$，…，$X_n$ 来表示。

#### 2. 约束条件

约束条件是实现目标的资源限制条件，如生产能力、资金使用量、产品销售量等。

#### 3. 目标函数

目标函数是决策者在问题明确后，将所追求的目标表示为决策变量的数学函数。它是一个极值问题——极大值或极小值，如成本最低、利润最大、产量最大等。

在实际的生产决策问题中，往往会有大量的变量和约束条件，若仅使用线性规划模型，则难以求解这些问题，这时候可以借助计算机软件来解决企业的复杂性生产决策，如最优库存、任务积压量、外包量、正常生产量、加班生产所需的临时聘用员工数和解聘员工数等多个问题。线性规划法的局限性是各个变量之间的关系必须是线性的。

## 【案例 6-3】

### 线性规划法的应用

某公司是一家设备生产企业，公司的每位工人每月可生产3000件产品，为了完成订单任务，除了正常生产外，公司还可以选择外包和加班两种生产方式，但每月的加班量不能超过正常生产量的 20%。利用线性规划法制订该公司的综合计划，设：

$D_t$：t 月初的需求（已知条件）。

$W_t$：t 月初可使用的员工人数。

$H_t$：t 月初聘用的员工人数。

$L_t$：t 月初解聘的员工人数。

$I_t$：t 月初的库存量。

$S_t$：t 月的外包量。

$Q_t$：t 月的加班生产量。

这样，就可以得到下列的约束关系式：

$W_t = W_{t-1} + H_t - L_t$（人员数量关系）

$I_t = I_{t-1} + 3000W_t + Q_t + S_t - D_t$（库存关系式）

$Q_t < 0.2 \times (3000W_t)$（加班量关系式）

其中有 6 个变量、3 个基本约束关系式。此外，还需决定目标函数，或成本最小，或利润最大等。如果设：

$C_w$：每位员工每个月的正常工资。

$C_h$：一位员工的聘用费用。

$C_l$：一位员工的解聘费用。

$C_i$：单件产品的月库存费用。

$C_s$：单件产品的外包费用。

$C_o$：单件产品的加班生产费用。

则成本最小的目标函数为：

$$TC = \sum_{t-1}^{12} (C_wW_t + C_hH_t + C_lL_t + C_iI_t + C_sS_t + C_oQ_t)$$

这样一个简单问题，包含了 72 个变量和 36 个约束条件，而在实际的生产中，企业通常使用专门的软件来解决这类复杂的线性规划问题。

资料来源：http://course.cau-edu.net.cn/course/Z0360/ch07/se02/slide/slide05.html.

# 第三节　主生产计划的编制

需求什么、需求多少和什么时候需求是主生产计划要回答的问题。

——佚名

## 一、主生产计划的内涵

主生产计划（Master Production Schedule，MPS）是指企业在一定时间段内生产最终产品的计划，它是分解和细化综合生产计划的结果。这里的最终产品指的是企业出厂的产品；一定时间段内指的是每周，或者每月、每日的具体时间段。主生产计划主要规定了企业出产产品种类、出产产品数量、产品出产时间。

主生产计划通常需要比预定产出时间提前 6~8 周做出，大致方法是根据顾客订单与销售预测，把综合生产计划中的产品系列具体化，并清晰地表明订单列入生产计划的具体时间以及运送工作完成的具体时间，使之可以指导生产。

## 二、主生产计划的功能

由图 6-4 可以看出，主生产计划的输入是顾客订单、销售预测、生产计划大纲，它起着连接销售部门和生产部门的作用。主生产计划相当于一个计划调节器，调节市场需求与企业生产之间的矛盾，使生产部门的生产计划符合销售计划的要求，以提高市场的适应力，更好地响应顾客需求。

主生产计划的输出是明确生产品种、确定生产数量和安排生产时间，与综合计划相比，主生产计划更具体，具有切实的可操作性。

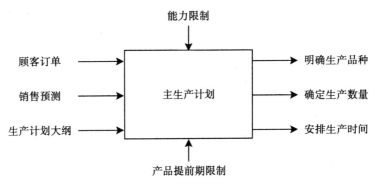

**图 6-4 主生产计划的输入输出**

由图 6-5 可以看出，主生产计划连接着综合生产计划和物料需求计划，起着承上启下的作用。主生产计划充分考虑企业的生产能力，将生产和需求衔接起来，统一调配资源，使企业按时、按质、按量地完成生产任务。

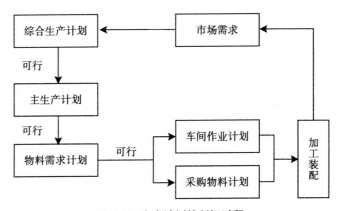

**图 6-5 生产计划的制订过程**

主生产计划制订后就将制订具体的物料需求计划，这也体现了主生产计划的功能。为什么必须根据主生产计划来制订物料需求计划呢？物料需求计划为什么不可以直接根据顾客订单和销售预测进行编制呢？那是因为，如果直接根据顾客订单和销售预测编制物料需求计划，物料需求计划将在时间上和产量上与顾客需求一致，但是这里的顾客需求包含预测需求，而实际上顾客需求是不稳定的，直接根据这样编制的物料需求计划进行生产会造成设备时而满负荷、时而闲置，甚至有时即使满负荷也不一定能完成任务，因为企业的生产能力和资源都是有限的。因此，物料需求计划必须根据主生产计划进行编制，这样可以使物料需求计划与顾客需求在时间上一致，但是不追求每时每刻与顾客需求量保持一致，而是在一定时间内与顾客需求保持一致，从而得到一个稳定、均衡的物料需求计划。

### 三、主生产计划的编制

主生产计划也就是产品产出计划，编制对象是企业最终出厂的产品，包括产品品种、产品数量和出厂时间。企业应该根据对市场的需求和企业生产能力的分析，合理地编制主生产计划，从而随时保持主生产计划的可执行性。

**【案例 6-4】**

## 某办公设备厂的主生产计划编制

家电生产企业甲公司为其所生产的空调制订了综合生产计划，如表 6-8 所示。

**表 6-8　甲公司空调 1~6 月的综合生产计划**

单位：台

| 月份 | 1 月 | 2 月 | 3 月 | 4 月 | 5 月 | 6 月 |
|---|---|---|---|---|---|---|
| 空调 | 1500 | 2000 | 2500 | 4000 | 5000 | 6000 |

该公司进一步制订了 1~3 月空调的主生产计划，如表 6-9 所示。

**表 6-9　甲公司空调 1~3 月的主生产计划**

单位：台

| 月份 | 1 月 | | | | 2 月 | | | | 3 月 | | | |
|---|---|---|---|---|---|---|---|---|---|---|---|---|
| 周 | 1 周 | 2 周 | 3 周 | 4 周 | 1 周 | 2 周 | 3 周 | 4 周 | 1 周 | 2 周 | 3 周 | 4 周 |
| X 型产量 | | 200 | 300 | | 200 | 200 | 100 | | 200 | 100 | 100 | 100 |
| Y 型产量 | | 200 | 200 | 100 | 200 | 250 | 250 | 300 | 400 | 200 | 250 | 250 |
| Z 型产量 | 100 | 100 | 150 | 150 | 100 | | 250 | 150 | 250 | | 350 | 300 |
| 合计 | | 1500 | | | | 2000 | | | | 2500 | | |

由案例 6-4 可以看出，主生产计划是在综合生产计划的基础上对产品系列的细分化、具体化。主生产计划的制订大致分为两个步骤：

第一步，分解综合生产计划，得到系列产品的具体计划，如生产时间、生产数量、生产品种等，从而获得主生产计划方案；

第二步，根据主生产计划方案，将所拥有的资源与生产能力作对比，如果超出了资源限制，就必须修改原方案，直至得到符合资源和生产能力约束的生产方案。

主生产计划方案的制定是一个反复试行的过程，必须考虑综合生产计划、物料需求计划和生产能力等因素，最后制定一个切实可行的主生产计划。主生产计划的具体实施步骤如图 6-6 所示。

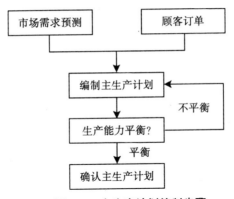

**图 6-6　主生产计划编制步骤**

从上述案例和主生产计划的编制步骤中不难发现，主生产计划的条件约束主要体现在以下三方面：

（1）综合生产计划与主生产计划所确定的某种产品在某个时间段内的生产总量是相等的。

（2）在某个时间段内，综合生产计划确定的某种产品的生产总量应该有效地分配到主生产计划中更小的时间段进行生产。

（3）确定某种产品在某个时间段内的生产量时，要考虑企业的生产能力和资源等限制。

### 四、主生产计划的基本流程

主生产计划是闭环计划系统的一个部分。它在综合生产计划和物料需求计划之间架起了一座桥梁。首先，主生产计划作为综合生产计划的输出，以综合生产计划所规定的经营计划和销售计划为基础，制订生产规划，从而使企业的生产经营需求以及销售需求与所使用的资源保持协调一致。其次，主生产计划作为物料需求计划的输入，规定了最终产品相关联的物料和零部件的生产和采购计划，并将这些计划传递给物料需求计划。同时，主生产计划具有闭环反馈的作用，当企业实际的生产或采购不能达到主生产计划的要求时，生产作业系统和采购系统就会将相关的信息反馈给主生产计划，使其能够进行相应的调整。

由以上流程可以看出，主生产计划说明企业计划的生产产品、产品产量和产品生产时间。主生产计划和物料需求计划这部分内容将会在本书的后续章节继续探讨。

# 第四节　能力需求计划

能力需求计划能够帮助企业在其生产过程中确定其所需要的生产能力，进而帮助企业更有效率地组织生产活动。

——佚名

## 一、能力需求计划的内涵

能力需求计划（CRP）是指企业对生产计划评估，确定其所需要的生产能力的过程。一般来讲，生产能力是指企业在一段时间内，在一定资源的限制下，所能生产某种产品的最大产量。

生产能力可以划分为三种类型：

### （一）设计能力

设计能力是指企业在建设初期根据其设备技术规划所能达到的生产能力，这种生产能力只能作为企业在未来生产发展规划或者进行各种事故分析时的一个参考。

### （二）正常能力

正常能力是指在正常的生产条件下，实际能生产的产品的数量，它是制订生产计划的重要参考数据。

### （三）最大能力

最大能力是指企业在挖掘一切潜力之后可以达到的生产能力，它是企业生产能力的上限，安排生产计划时不应超过这个能力。

【拓展阅读】

#### 影响生产能力的因素

（1）设施的数量和质量。

（2）计划期的有效工作时间。

（3）产品的技术要求与工艺特征。

（4）劳动组织与生产组织。

（5）外部因素。

## 【案例6-5】

### 某泳装公司生产能力调整

A公司是一家泳装的生产企业。泳装生产受到季节因素的强烈影响，只有夏季才是销售的旺季。A公司一开始使用传统的方式来安排生产，当旺季的订单在短时间内增加时，A 公司就得马上聘用临时工来生产大量存货来应对需求大幅度上升的情况。这种生产方式面临着很多问题，如泳衣款式变化不适应市场需求或需求量突发地变动等。

对此，A 公司采取了相关措施来调整生产能力，如按季节改变生产计划，旺季时增加工人的工作时间，等到旺季结束后，再恢复到正常工作时间，并利用淡季宽裕的时间进行款式设计。

这种灵活的生产能力调整计划使 A 公司的生产能力实现与需求同步，并提高了产品对需求的适应性，降低生产成本，从而使 A 公司的竞争力水平得到不断提升。

资料来源：武振业，周国华，叶成炯，井润田. 生产与运作管理 [M]. 成都：西南交通大学出版社，2003.

一般而言，制造业的生产能力一般以企业在一定时期内出厂的产品数量来表示，如多少吨、多少件、多少台等。服务业的生产能力的度量单位比较多，如医院有多少医生、护士和床位，酒店有多少床位，公交公司有多少班公交车等。由于每个企业的生产方式和技术条件都不相同，所以度量生产能力的单位也不尽相同。

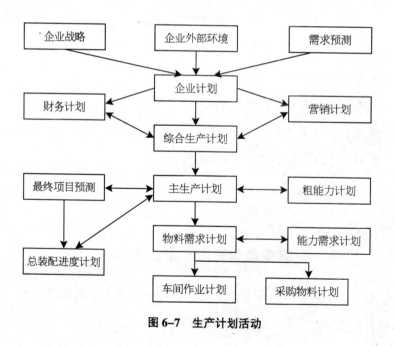

图 6-7　生产计划活动

由图 6-7 可以看出，能力需求计划对应着物料需求计划，它把物料需求计划的物料需求转化为能力需求，根据对企业每个工作中心的生产能力进行研究分析，并与物料需求计划所需要的生产能力进行比较，然后验证物料需求计划是否可行。当物料需求计划所需要的生产能力在企业生产能力的范围之内，则这个计划具有可实施性；反之，则需要调整物料需求计划，直至所需要的生产能力在企业生产能力的范围之内。

## 二、粗能力计划

由图 6-7 可以看出，主生产计划的初步方案确定后，一般用粗能力计划来检验主生产计划方案是否可行。之所以称之为粗能力计划，是因为它只是对主生产计划所需的重要生产能力做出粗略估计。其主要目的是对主生产计划进行粗能力平衡，保证主生产计划的可执行性。粗能力平衡是指将粗能力计划估计的所需重要生产能力与企业可用的实际生产能力进行比较，观察两者之间是否匹配。如果出现不匹配问题，则采取措施保证主生产计划所需的生产能力不超过企业的实际生产能力，同时又保证企业的实际生产能力得到充分利用。

粗能力计划的编制需要通过以下几个步骤：明确产品生产所需的关键性资源；在主生产计划的产品系列中挑选出特定的产品；计算特定产品对关键性资源的需求数量；计算主生产计划内各个产品系列的总产量；将第三步计算得到的关键性资源的需求数量乘以第四步计算得到的产品系列总产量，从而得到产品系列的能力需求计划；将每个产品系列的能力需求计划进行相加，从而编制粗能力计划。[1]

## 三、细能力计划

细能力计划，又称详细能力计划，是指通过物料需求计划运算得出各种物料

---

① 邱灿华，蔡三发. 运作管理 [M]. 上海：同济大学出版社，2004.

的需求量后，计算各时段所需要的生产能力，并判断企业生产能力是否达到物料需求计划所需要的生产能力。细能力计划主要分为以下几个步骤：计算物料需求计划对设备、人力等资源的能力需求，一般以工时表示；按照时间段和工作中心对物料需求计划所需能力进行加总；用能力需求报告发现所需能力与正常能力之间的差异；采取措施消除差异，如加班加点，增加人力、物力、财力以及采取外包等措施。

上述内容分别介绍了粗能力计划与细能力计划，总体看，两者的区别如表6-10所示。了解两者的差距能帮助企业更好地根据企业的能力安排和组织生产。

表6-10　粗能力计划与细能力计划的区别

| | 粗能力计划 | 细能力计划 |
|---|---|---|
| 能力计划对象 | 关键工作中心 | 物料需求计划涉及的所有工作中心 |
| 计算对象 | 最终产品和独立需求物料 | 相关需求物料 |
| 计划的订单类型 | 计划及确认的订单（不含已下达的计划订单） | 所有订单（含已下达的计划订单） |
| 计划提前期 | 以计划周期为最小单位 | 物料的开始与完工时间，精确到天或小时 |

资料来源：http://baike.baidu.com/view/275196.htm.

## 本章小结

在生产过程中，只有拟定生产计划，才能保证企业能够按照计划有条不紊地进行生产。生产计划是对生产运作系统的总体规划，它帮助企业确定产品品种、质量、产量、产值和出产期等问题。综合生产计划是企业的整体生产计划。制订综合生产计划的方法主要包括试算法、运输矩阵法、线性规划法等。主生产计划主要规定了企业出产产品种类，出产产品数量，产品出产时间。在制订了详细的主生产计划后，要想主生产计划得到顺利实施就必须有足够的生产能力给予保证，这就需要企业测定自身的生产能力，根据企业生产能力安排和组织生产。

# 第七章　采购管理

## 惠普的电子采购方式

最初，惠普公司对旗下各子公司实行分头采购的方式。这种"分而治之"的采购方式使得惠普的各项原材料、设备、办公用品的采购费用都十分高昂。据统计，到1999年底，惠普公司花在采购上的总金额就高达20亿美元。惠普于1998年对其采购模式进行过调查，调查发现，惠普过高的采购成本主要是由于其分散的采购行为缺乏统一的采购控制而造成的。

1999年，惠普公司与Ariba公司进行合作，建立惠普的电子采购平台。惠普的员工必须通过这个平台进行各项物资的采购，而不是自行采购或在公司盲目地寻找采购部。对于惠普的供应商而言，通过惠普的电子采购平台进行交易，能够大大地节省开票和调货的时间，提高了交易的效率。

电子采购的方式提高了惠普的采购效率，降低采购成本，并且使惠普能够与100个供应商进行更加快捷的交易与联系，从而获得竞争优势。

资料来源：http://www.all56.com/www/44/2008-12/25074.html.

【案例启示】从惠普采购模式的转变我们不难发现，惠普的"分而治之"的理念确实给企业带来了很大的收益，可是在采购方面却产生了大量的浪费。那么怎样的采购才是合理的？究竟应该怎样进行采购，才能以低的采购成本满足企业的生产运营要求？这就是接下来我们将要讨论的问题。

**本章您将了解到：**

● 采购管理的内涵、要素及过程

● 五种采购模式及其内容

● 采购计划的主要内容

● 采购成本的内涵、分析及控制策略

# 第一节　采购管理概述

在一个公司里，采购和销售是仅有的两个能够产生收入的部门，其他部门发生的都是管理费用。

——杰克·韦尔奇

## 一、采购管理的内涵

采购是人们日常生活中一种常见的经济行为，是企业运作过程中必不可少的一个环节。个人的采购是为了满足个人生活或其他方面的需要，而企业的采购行为则是为了满足企业的生产需要，同时企业的采购还需要考虑成本和效益的问题。

采购是指为了获得所需的物资或服务，个人或企业采用购买、租赁、借贷等方式，取得物品及服务的使用权或所有权。

采购管理是指企业对整个采购过程中的各个环节进行计划、组织、协调、跟踪、监督和控制的全过程。采购管理的目标是以尽可能低的成本来保障企业的物资供应，从而保证生产运作系统的正常运行。

**【拓展阅读】**

### 采购管理

企业的采购通常包括以下环节：下达计划、生成采购订单、执行采购订单、接收货物、验收货物、货物入库、发票校验和结算等。采购管理是对采购活动的各个环节进行严密的监督和控制，从而实现对企业采购活动执行过程的有效管理。

## 二、采购管理的要素

采购管理包括采购计划管理、订单管理及发票校验三个要素。

### （一）采购计划管理

采购管理的第一步是采购计划管理。采购计划管理是为了保证企业的采购活动具有准确性和及时性，而对采购计划进行制订、管理和控制。采购计划管理能够将企业的采购需求直接转化为采购任务，并采用以销定购、以销定产、以产定购等多种采购模式，为企业提供了一个有效的采购执行路线。

### （二）订单管理

订单管理是指对采购订单流转的各个环节进行监督和控制的过程。通常采购订单流转包括采购订单确认、发货、检验、入库等环节。在整个过程中，订单管理能够有效地对采购存货的计划状态、订单在途状态、到货待检状态等进行监控和管理，从而保证了整个采购活动的正常运行。

### （三）发票校验

发票校验即是对采购的货物与企业需求进行对比，以确定是否采购完全，同时，发票校验也是进行采购成本核算的依据。发票校验是采购结算管理的重要内容。例如，对于那些已入库但是没有收到发票的货物是否需要暂时估计其价值，这就需要发票校验对其进行处理。同时，劳务采购的处理、非库存的消耗性采购处理、直运采购业务、受托代销业务等均是在发票校验的基础上进行处理。

### 三、采购管理的过程

采购一般包括以下几个步骤：识别需求、描述需求、选择供应商、确定价格、签约、跟踪催货、验收、结算付款和维护记录。

**（一）识别需求**

企业内部每个部门的采购需求是不同的，首先应该识别不同部门的采购需求。如生产部门需要采购的是原材料和零部件，财务部需要采购的是办公用品等。

**（二）描述需求**

识别每个部门的需求后，需要与采购者达成共识，对采购需求进行准确描述。如需求产品的规格型号是什么、需求产品数量是多少、需求时间是什么时候。通常运用采购需求表来描述采购需求或需要。

**【拓展阅读】**

#### 采购管理的"五步走"

（1）要确定供应商的资格。

（2）付款方式确定。

（3）采购价格形成机制。

（4）数量核查。

（5）质量核查。

**（三）选择供应商**

确定每个部门的需求后，需要选择相应的产品供应商，这是采购管理最关键的环节。为了选择最佳供应商，采购部门应充分搜集信息并保持必要的供应商记录。如供应商的信誉、供应商的规模、供应商的等级分类等。

### （四）确定价格

选择好供应商之后，就需要对产品的价格进行谈判，确定一个双方都可以接受的价格，价格确定是谈判的重要内容。企业采购业务的特征和要求不同，其确定产品价格的机制和要求也是不同的。

### （五）签约

在确定产品价格之后，需要双方就达成的共识而签订订单合同。由于每个企业采购业务的性质和特征是不同的，订单准备和订单下达的要求也是不同的，但是在签订订单时应注意以下几个方面：订单处理流程应该规范化，并且与企业采购要求匹配；订单应采用书面形式，对企业与供应商的每次交易都做出准确记录；签订的合同订单中每项条款和细则都应该全面、清晰，没有歧义；本企业下达订单、对方接受订单、订单生效等应有明确的标志，相关方面应达成共识。

### （六）跟踪催货

企业下达订单并且生效后，采购部门应对订单进行跟踪监督，以确保对方能够根据事先的约定充分履行订单。如果对方因各种原因不能充分履行订单，通过跟踪催货可以尽早发现问题，通知有关部门，采取应急措施。

### （七）验收

验收部门根据采购订单副本，检查供应商交付的物料项目，办理相关手续，送达指定的仓库地点，并通知相关部门，如采购部门、财务部门、生产部门等。验收时如果发现物料有损坏、短缺等情况，应该向相关部门提交详细的报告。

### （八）结算付款

财务部门审核发票，向供应商结清余款。

### （九）维护记录

企业每完成一次采购业务，就得对采购记录更新一次，并把相关记录按时间汇集、归档。

采购管理整个流程的合理化是企业获得更大盈利的第一道关卡。不同类型的企业的采购流程均有所不同，因而企业要根据自身特点、外部环境的特点以及生产产品的特点来合理安排企业的采购流程，只有这样才能真正提高采购的效益。

## 【案例7-1】
### 上海宝钢的采购管理

宝钢是我国著名的现代化大型钢铁企业。宝钢在借鉴国外先进的采购管理思想的同时，总结出了一套符合自身发展的采购管理模式：

（1）现场送料：宝钢的物资部在公司设立了605个送料点，并根据工厂物资的计划需求量，将物资与物料定点、定量、定时、定人送到现场。

（2）直接制订用料计划：物资部根据工厂的物料需求，直接编制申请用料计划，避免了由工厂做申请用料计划，层层审批核发的情况，从而提高了采购的效率。

（3）实行现场物资动态管理：宝钢规定生产现场余料回收不能超过两天，从而消除了账外物资，压缩了大量的流动资金。设物资现场管理员，对生产现场使用的各种物料划定区域、挂牌，限定两天的用量。

宝钢在采用了新的采购模式后，企业的采购管理更加合理化、简明化，并提高了采购效率，保证了采购的良性运作。

资料来源:http://home.purchasingbbs.com/space.php.

# 第二节　采购模式

由于各个企业的经营理念以及实际情况都各有差异，因而企业的采购模式也各有不同。企业采购模式的选择应以自身的行业特性以及运作特点为基准。

——佚名

随着信息技术的发展和世界经济的一体化，采购理念发生了一系列深刻的变革，新的采购模式不断涌现。

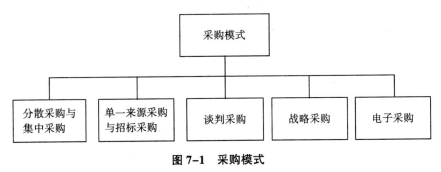

**图 7-1 采购模式**

总的来说，目前采购模式主要有以下几种（见图 7-1）：

# 一、分散采购与集中采购

## （一）分散采购

就单个企业来说，分散采购是指企业将采购权分散到每个分支机构，如分厂、子公司等，这些分支机构可以在总公司确定的一定资金范围内，直接向供应商采购商品。就供应商相同的企业群体来说，分散采购是指每个企业单独向供应商采购。

分散采购的优点：能够有效地降低库存，减少占有资金；有利于采购环节与供料、销售、存货等环节的相互协调一致；保管方便，问题反馈直接快速；手续简单，过程方便。缺点：采购成本难以降低；权力分散，不利于采购过程的集中控制；各个分支机构对供应商的政策不一致，容易产生分歧；市场调研分散，难以培养采购专家。

鉴于分散采购的优点和缺点，结合已有的采购经验，我们发现，分散采购较适合于小批量、价值低，市场资源有保障，易于送达，对企业正常生产或销售影响较少的物资。[1]

---

① 马晓峰. 避开采购黑洞 [M]. 北京：中国社会科学出版社，2008.

### （二）集中采购

就单个企业来说，集中采购是指企业设立专门的采购机构来对企业所需商品进行统一采购，而企业所有分支机构只负责各自需求采购到的原材料。就企业群体来说，集中采购是指几个所需商品相同的企业联合起来统一采购。

通过利用集中采购模式，对采购过程实行集中规划、集中谈判、集中配送以及集中核算，从而发挥规模化经营优势，并大幅度地降低采购成本，使企业达到整体利益的最大化。

集中采购的优点：提高企业一次性订购商品的数量；有利于与供应商商议更优惠的价格；降低了商品运输的次数，有利于降低商品的采购成本；将权利集中到采购部门，降低了贪污行贿行为，有利于规范企业的采购行为。缺点：采购时间较长，而且采购手续较为繁杂；采购专业性较强，具有一定难度；企业责任重大。

鉴于此，集中采购主要适合于大批量、高价值的产品，企业的关键零部件及原材料，以及难以送达和对企业生产或销售影响较大的物资等。

## 【案例 7-2】

### 集中采购模式的应用

2004 年我国武钢、唐钢等大型钢铁企业达成协议，以集中采购的采购方式向全球最大的多种资源矿业公司进行采购。这几家钢铁企业共采购 1200 万吨铁矿砂，其采购价格约 25 美元/吨，到岸价约为 59 美元/吨，比当时 120 美元/吨的铁矿砂到岸价降低了逾五成以上。由此可见，集中采购模式能够大幅度地降低企业的采购成本。

资料来源：http://www.chinabaike.com/z/xinxi/guanlizixun_renzheng/258319.html.

## 二、单一来源采购与招标采购

### （一）单一来源采购

单一来源采购，是限制性招标的一种形式，主要指企业与单一供应商就商品采购进行谈判，如果谈判成功，直接签订合同的采购方法。单一来源采购只与一家供应商签订合同，因此供应商往往处于有利位置，而采购企业则处于不利位置，那么就有可能使企业的采购成本提高，并且在采购过程中容易产生贪污行贿的行为。通常情况下，单一来源采购只在企业采取紧急采购或者只有一家供应商时采用。

企业在以下情况可以采用单一来源采购：

**1. 招标失败**

在无人投标、串通投标以及投标者不符合参加条件等原因引起招标失败情况时，企业可以采用单一来源采购。

**2. 采购的来源单一**

企业所需的原材料和配套零部件只能由固定供应商提供，其他供应商无法替代。在这种情况下，企业可以采用单一来源采购。

**3. 紧急采购的需要**

企业发生紧急事件，导致原材料在短时间内短缺，而通过公开招标等方式在时间上难以满足，因此只能采用单一来源采购。

**4. 其他情况**

如企业已与供应商建立了稳定的合作伙伴关系，如果替换供应商，会给企业带来不利。在这种情况下，企业采用单一来源采购；当采购项目涉及国防机密及国家安全，或者采购项目牵涉到国内政策、法律法规、经济发展、就业形势等情况时，可采用单一来源采购。

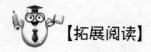**【拓展阅读】**

### 采购管理存在的问题

（1）没有将采购管理上升到战略高度。例如没有将采购策略和合作伙伴的选择的评估标准作为企业整体战略中的一部分，或不与供应商（战略合作伙伴）共同进行新产品的开发。

（2）没有明确的采购战略，缺乏对采购需求的分析、供应商管理和采购布局等。

（3）只关注低价，而忽视战略伙伴关系和互赢与激励的合作机制的建立。

（4）集团企业处于分散采购中，而忽略了整体利益的最大化。

（5）缺乏有效的工具和信息平台进行采购的跟踪、评估、分析和智能化决策。

### （二）招标采购

招标采购是指企业依照规定的招标程序，事先提出相应的采购要求，邀请众多供应商参加投标，并从中选择最佳供应商的交易方式。从这种交易方式来看，招标采购必然包括两个环节：招标和投标。招标是指采购企业邀请限定或不限定数量的供应商；投标是指供应商按照招标要求参加竞争投标。招标和投标是两个相互对应的范畴，无论是叫招标采购还是投标采购，都具有相同的内涵和意义。

1. 招标采购的特点

招标采购设置了规范的程序和规则，且具有透明度高、公平竞争、一次性成交等特点，这些特点决定了招标是采购的主要有效方式。

2. 招标的方式

招标是企业采购的基本方式，竞争程度比较高，可以防止不正当交易的发生。一般来讲，招标方式主要有以下三种：

（1）公开招标，是指企业广泛地召集投标人（供应商），并从中选择最佳供应单位。

（2）邀请招标，是指企业有选择性地邀请一部分实力雄厚的供应商参与投标，并从中选择最佳供应单位。

（3）议标，是指企业通过谈判确定最佳供应单位，即中标者。

## 三、谈判采购

### （一）谈判采购的内涵

谈判采购是指企业与供应商就采购商品的发货时间、规格型号、单位价格等合同细则达成共识的采购方式。谈判采购不能只通过采购方与供应商交换文件来完成，还必须双方坐下来面对面就合同细则进行洽谈。谈判采购一般适用于具有特别设计、特殊竞争状况、没有确定价格的产品，并且采购方和供应商对产品的估价不同，使双方需要面对面地洽谈，确定合同细则。

谈判采购的优点：获得有利于采购商的合同细则；企业发生缺货，急需某商品时，可以解决燃眉之急；达到采购方满意的采购价格；可根据以往的交易行为，自主选择最佳供应商，确保交货安全；可以运用政策性或互惠条件。缺点：没有限制条件，易造成供应商肆意抬高供货价格；有助于垄断价格形成，阻碍经济进步；易造成串通舞弊的情况。

谈判采购与招标采购相比较，是一种结构性差的采购方式，具有很强的主观性。谈判采购的程序难以控制，容易产生贪污腐败的现象，因此必须严格控制谈判过程，加强对谈判人员的监督和管理。

### （二）谈判采购的适用条件

在下列条件下，谈判采购较招标采购更能满足采购的目标：[①]

（1）当企业所需采购的设备既独特又复杂，以往企业没有采购过，并且很难

---

① 冯秀华，秦晓鹰. 政府采购全书［M］. 北京：改革出版社，1999.

获得采购设备的成本信息时，企业应与供应商进行谈判。如一个设备生产工厂需要采购某一新型的冲压机床，在进行实际采购之前，企业需要对该冲压机床的安装、运行、性能、成本和维修等细节进行细致的谈判。

（2）如果在某一领域存在许多供应商，为了在与供应商的合作过程中，能够争取到较低的价格，企业则需要与各供应商进行谈判。

（3）在某一领域供应商的数量很少或者只有一个供应商，而企业拟购的产品可以自行生产，或者可以从国外采购时，企业可以以此作为筹码，与供应商进行谈判。

（4）企业拟采购的产品可由若干供应商提供，但这些供应商都未能提出一个让企业满意的报价，或没有一个供应商能满足企业的价格、交货时间或规格等要求时，在这种情况下，采购方要确保在进行谈判之前，对所有供应商的投标都不满意，那么企业采购工作的负责人就应提前通知供应商有可能就其投标进行谈判。

（5）企业对现有的供货合同不满意，希望对现有供货合同进行修改。

## 四、战略采购

战略采购是一种系统性的，以数据分析为基础的，能够帮助企业针对不同商品制定采购战略的采购方式。企业一旦确定了某种商品的战略采购，就可以选择合适的采购策略予以实施，并且能够有效地选择供应商。

战略采购利用数据分析，帮助企业更加了解外部供应市场环境和内部需求情况。通过这种了解，企业可以选择最佳采购成本、内部需求控制、采购战略以及供应商。企业通过战略采购，可以从高速腾飞的经济发展中成长起来，增强核心竞争力，保持持续竞争优势。

战略采购可以帮助企业与供应商建立密切的合作伙伴关系，如让供应商参与企业的产品设计、产品研发等活动，提高供应商在互惠条件下的积极性。这样有利于企业降低采购成本和提高供应商的价值贡献，并且有助于全面评估供应商，推动与供应商的合作及战略开发过程。

【拓展阅读】

### 战略采购的原则

（1）以成本最优原则为出发点进行战略采购。

（2）通过收集和掌握各方面的市场信息，建立牢固的谈判基础。

（3）掌握供应商的战略、经营、运作等各方面的信息，以使企业具有战略采购的优势。

（4）与供应商建立战略合作伙伴管理，以实现共赢。

## 五、电子采购

电子采购，又称网上采购，是指企业利用互联网等信息技术进行采购活动，并且能自行产生商品订单。

如今，B2B 是电子采购的主要方式，其实现途径有以下三种：通过采购方建立的采购网络；通过供应商建立的供货网络；或者通过第三方建立的公共网上采购平台，如阿里巴巴。

在电子采购过程中，企业相关部门人员向特定的互联网采购平台提交采购申请，采购申请通过审批后形成采购订单，采购订单再通过多种途径向外进行传递，从而完成整个采购任务。采购订单的传递途径十分多样，并且这些途径对电子采购的效率有着不同的影响。目前，普遍使用的电子采购数据传送途径主要包括以下几种形式：向供应商发送电子邮件订单；向供应商的站点提交订单；门户网站招标；与供应商基于相同的 ERP 系统的集成；电子交易平台；人工向供应商发送传真或者电话订购等。

**【案例 7-3】**

### 某公司电子采购模式的应用

某公司是一家致力于高速电力机车、地铁、电动旅客列车等产品研制与销售的企业。近年来，原材料价格上涨的问题给该公司带来了很大的成本压力。在这种背景下，该公司提出通过利用互联网技术，建设电子采购平台，从而实现有效的采购管理，降低采购成本，提高企业效益。

2006 年，该公司启动电力机车电子招标系统平台，对下半年原材料项目进行网上公开竞标。在为期 4 个小时的在线竞价过程中，各供应商为了争夺中标机会，纷纷报出新低价格，从而使该企业节约了近半的采购成本。

该企业以先进的电子采购方式降低采购成本，从成本的源头提升了企业的核心竞争力，从而使企业获得了巨大的收益。

资料来源：http://www.enet.com.cn/ediy/inforcenter/enet_z.jsp?articleid=20090114416521.

# 第三节　采购计划

企业通过实行采购计划，能够合理地安排和部署其采购管理所需的资源，从而极大地提高了采购管理的效率。

——佚名

## 一、采购计划的内容

采购计划的制订决定了整个采购运作过程的成败，因此采购计划是采购管理中最为关键的一步。采购计划主要是指在了解企业生产能力、市场需求及采购环境情况的基础上，确定企业的采购额、采购数量、采购方式以及采购时间。

采购计划主要包括以下三方面的内容：

（1）采购预算的确定。

（2）商品采购项目和数量的确定。

（3）供应商和采购时间的确定。

采购计划的合理制订是一个复杂的过程，本节将对上述采购计划的三方面内容进行详尽的介绍。

## 二、采购预算的确定

采购预算是指在一定计划期内企业所制订的采购额计划。企业的采购计划是在销售数据、经营数据以及库存数据的基础上制订的，它能够将企业的经营决策和采购决策进行量化，从而保证了企业经营计划和作业计划的执行，并且使企业对采购成本进行有效的监督和控制。

采购预算的确定主要有两个关键的步骤：

### （一）确定采购目标

确定采购目标是制定采购预算的第一步。企业通常以销售预算来计算其采购目标。采购目标的计算公式为：

采购目标 = 销售额 × (1−利润率)

### （二）确定采购预算

根据销售预算能够计算出企业的采购目标，而采购预算的确定还需要考虑一定计划期内库存的实际变化量。采购预算计算公式为：

采购预算 = 采购目标 + 期末库存计划额 − 期初库存额

## 三、商品采购项目和数量的确定

在确定采购项目的过程中，企业一般需要考虑市场流行趋势、消费者需求变化、季节变化、以往选择商品项目的经验、新产品开发情况等因素，此外还需要重点考虑主要商品和辅助商品的安排。

每年采购商品次数和一次性采购商品数量是采购计划的重要内容，企业在确定这些项目前应做好研究分析工作。一次性采购商品的数量会影响销售和库存，关系到销售成本和经济效益。如果企业一次性采购商品数量过多，会造成商品的库存费用增加，占用过多的流动资金，不利于生产经营活动；如果企业一次性采购商品数量过少，容易导致缺货现象，增加缺货成本，并且每次采购商品数量过少的话，必然增加采购次数，这样也会相应增加采购支出。

可见，确定合理的采购数量能够使企业避免出现商品积压或商品缺货的情况，从而保证企业运作的顺利进行。

每次采购的最优数量可由下面的公式计算：

$$Q = \frac{2KD}{PI}$$

其中，Q 为每批采购数量；K 为商品单位平均采购费用；D 为全年采购总数；P 为采购商品的单价；I 为年保管费用率。

## 四、供应商和采购时间的确定

企业确定了商品的采购额及采购数量之后，还需要决定通过何种渠道进行采购，何时采购，何时供货，如何才能保证企业不会发生缺货现象等。

### （一）供应商的确定

一般来讲，企业会选择实力雄厚、信誉良好、服务周到的供应商，这样可以保障企业在合适时间获得合适商品。选择供应商时要考虑许多因素，但大多数企业在选择供应商时主要考虑以下因素，如图 7-2 所示。

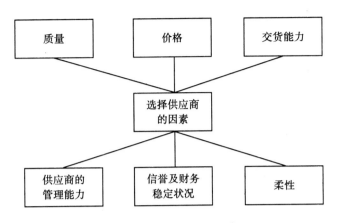

图 7-2　选择供应商的因素

### （二）质量

供应商提供的产品的质量直接关系到企业产品的质量。质量是企业的命脉，任何时候都不能忽视，在选择供应商时，质量是考虑的首要因素。

### （三）价格

在采购的过程中，价格往往是一个最敏感的要素。供应商对既定商品组合报价是否合理，是否愿意协商价格，是否愿意提供折扣等都会影响企业对供应商的选择。

### （四）交货能力

供应商的交货能力包括准时交货能力和持续改善能力。供应商交货准时与否关系着企业生产是否能准时开工，这也是企业生产连续性的保证。同时，供应商的持续改善能力决定了供应商是否具有改进产品，改善管理的意愿和能力。持续改善能力也是选择供应商的又一重要因素。

### （五）供应商的管理能力

供应商的管理能力直接影响到供应商的产品生产及质量管理水平。通常供应商的管理能力越强，其产品的供应活动就越稳定，产品就越具有竞争力。选择管理能力强的供应商，能够有效地提高企业的竞争力水平，并使企业的采购管理工作能够顺利进行。

### （六）信誉及财务稳定状况

供应商的信誉高低和财务稳定状况直接影响企业采购的风险。企业在选择物美价廉的商品时不能忽视对供应商信誉和财务状况的考核。

### （七）柔性

供应商所能提供的产品种类以及交货时间变化的灵活程度就是供应商的柔性。企业面对的是不断变化的市场，因而要适应不断变化的市场则需增强企业的柔性，那么在选择供应商时，企业也应对供应商的柔性予以重视。

### （八）采购时间的确定

商品销售量随着季节的变化而变化，有旺季，也有淡季。淡季和旺季的商品价格是不同的，企业可以实时采购，降低采购成本。企业淡季购入商品，容易获得较低价格，但购入过多也会增加库存费用；企业旺季购入商品，一般价格较高，但购入过少容易增加缺货成本。因此企业在采购时间上需要权衡利弊，选择最佳的采购时间。

# 第四节　采购成本分析与控制

*采购人员不是在为公司讨价还价，而是在为顾客讨价还价，我们应该为顾客争取最低的价钱。*

*——山姆·沃尔顿*

如今，企业之间的竞争日益激烈，谁能更有效地降低成本，谁就能抢占竞争优势。采购成本是企业各种成本中的一部分，虽然采购成本在总成本中的比例不大，但易于控制，所以很多企业采取控制采购成本的方式降低产品成本。

## 一、采购成本的内涵

产品的采购成本包含两个部分：

### （一）采购物资所花费的业务费用

该部分采购费用包含了两个方面的内容：其一是与采购次数有关的成本费用，如办公费、差旅费、电话费等；其二是与采购次数无关的成本费用，如常设采购机构的基本开支。

### （二）采购带来的产品库存持有成本和缺货成本

在这部分中，产品库存持有成本是指企业为保存产品所发生的成本，而缺货成本则是指因采购不及时给企业带来的损失。一般来讲，企业把产品单位价格的20%左右视为单位产品的年库存持有成本。

随着采购规模增大，采购成本减少，产品库存持有成本增加，但采购成本下降的速度比持有成本的增加速度快；反之亦然。当采购量达到一定规模时，采购成本的下降速度与持有成本的增加速度相等，即采购成本的边际减少额与持有成本的边际增加额相等，这时采购成本最低，如图7-3所示。

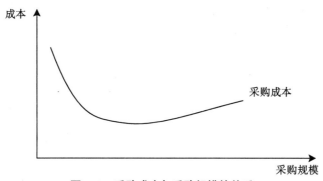

**图7-3 采购成本与采购规模的关系**

## 二、采购成本分析

采购成本分析是采购绩效考核的一种方法，通过采购成本分析，便于发现采购成本是否存在进一步改进的空间。

**（一）计划与实际比较的采购成本降低率**

$$采购成本降低率 = \frac{采购物资计划总价 - 实际总价}{采购物资计划总价} \times 100\%$$

$$= \frac{计划价格 - 实际价格}{计划总价} \times 100\%$$

**（二）同期比较的采购成本降低率**

$$采购成本降低率 = \frac{以上期实际价格计算的本期采购总价 - 本期物资总额}{以上期实际价格计算的本期采购总价}$$

同期比较的采购成本降低率，用来分析相同的物资在相同的采购量下，本期与上期采购成本的降低情况。

**（三）采购成本比率分析**

$$本期采购成本比率 = \frac{采购成本}{采购物资总价} \times 100\%$$

$$同期成本降低率 = \frac{本期采购成本}{上期相同采购总价的采购样本} \times 100\%$$

## 三、控制采购成本的策略

采购成本是企业生产成本的一部分，控制采购成本能帮助企业实现成本的降低。控制采购成本的方式多种多样，如图 7-4 所示。

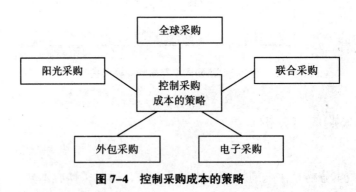

**图 7-4 控制采购成本的策略**

## （一）全球采购

全球采购是指在全球范围内采购产品，其最大的优点是降低采购成本，获得质优价廉、别具一格的产品。

## （二）联合采购

为了提高谈判议价能力，有共同需求的企业联合起来采购产品。联合采购的一大优点是由于采购数量巨大，可以获得供应商的优惠价格，但缺点是采购物资的分配比较复杂，通常引起争端。

## （三）电子采购

正如本章第二节所提到的，电子采购又称网上采购或者在线采购。简单地说，电子采购就是运用互联网等信息技术进行采购活动，并通过信息技术对日常采购进行补充。这种采购模式极大地降低了采购费用，并且便于企业采购到质优价廉的产品。

## （四）外包采购

企业为了把其注意力全部放在经营上，于是把采购环节外包给第三方，让第三方提供所需产品。这种采购模式有利于企业加强核心业务，又利于降低采购成本。

## （五）阳光采购

企业采购经常存在贪污腐败的现象，为了防止这种现象发生，企业通过制定严格的采购制度和程序来予以控制，这种模式就是阳光采购。阳光采购可以防止采购人员贪污腐败，并进一步降低采购成本。

## 本章小结

随着市场经济日益发达，市场竞争日益激烈，采购已不再是一种简单的买卖行为，而逐渐发展成为一种职能，一门专业的管理技术。采购作为企业生产经营活动的基本环节，是企业生产和销售的基础。随着企业经营理念的不断变化，采购理念也在不断发生变化，这使越来越多的采购模式开始涌现。采购计划是采购管理最为关键的一步，决定了整个采购运作过程的成败。采购成本是较易控制的成本构成。采购成本的分析与控制能很好地降低产品成本。因而，企业应努力降低采购成本，进而降低产品成本。

# 第八章　库存管理

## 沃尔玛有效的库存管理

沃尔玛是美国最具有代表性的成功连锁超市之一。沃尔玛的卓越成就离不开其优良的库存管理的支持。沃尔玛的库存管理主要有以下程序：

1. 库存准备

沃尔玛的内部审计部门提前 45 天给每个分店下达库存管理指示，各分店根据指示，用 4~6 周的时间进行库存准备工作。

2. 成立库存管理小组进行盘点工作

沃尔玛在盘点员和公司运作部门、损失预防部门和内部审计部门的员工中挑选 18~40 名代表，成立一个库存管理小组。库存管理小组的成员与独立审计可随机地到各分店进行盘点以检验库存记录的准确性。通常，沃尔玛的所有物资每隔11~13 个月就需要彻底盘点一次。

3. 分店配合做好库存记录

为了配合库存管理小组的盘点工作，沃尔玛的各分店在每天 8:00~18:00 这段时间里必须做好库存记录。库存管理小组进行盘点后，可将盘点结果与库存记录进行对照，从而根据盘点结果修正库存记录，并交由沃尔玛的内部审计部门复审。

这种库存管理方法使沃尔玛的库存年周转次数高达 4.5 次，而同行业竞争者的平均周转次数仅为 2.8 次。沃尔玛通过高效的库存管理，能够增强供应链的运作水平，保证超市的正常运行，从而获得市场竞争优势。

资料来源：W. Riggle. Inventory on a Grand Scale ［M］. Supermarket Business，1997.

【**案例启示**】由沃尔玛的库存管理可知，高效的库存管理能增强供应链的运作，提升客户的满意度，同时降低生产运作成本和经营风险，使企业获得竞争优势。合理的产品库存是保证有货可卖的最简单的方法。本节从库存管理基础入手，系统地阐述了库存管理的基本理论和方法。

**本章您将了解到：**

- 库存的定义、分类、作用及控制目标
- 三种库存管理的基本方式
- 与库存有关的成本
- 三种独立需求的库存模型的内容及计算公式

# 第一节　库存管理概述

库存管理是企业生产运作管理不可或缺的一部分，尽管其不是企业的核心业务，但是库存在降低企业成本方面发挥着强大的作用。

——佚名

## 一、库存的定义

无论是制造业还是服务业，在其运作过程中都会产生库存。库存是指为了满足当前或将来的生产需要，而暂时将其闲置，不立即使用的资源。如放置于仓库内的坯料、闲置于生产现场的辅助材料和工具、在途运输的原材料、医院里的药品、餐厅里的各种食材和佐料等都是企业的库存。

对于库存，有人认为应该将其尽量地减少，因为库存占用了企业大量的资金，从而增加了企业的成本；也有人认为应该保持一定数量的库存，因为库存能够防止缺货，保持生产的均衡性，并减缓了供需矛盾。

总的来说，库存是企业一项必不可少的资产，企业应如何减少库存来降低成本，应保留多少库存来防止缺货是库存管理需要解决的问题。

## 二、库存的分类

库存的分类如图 8-1 所示。

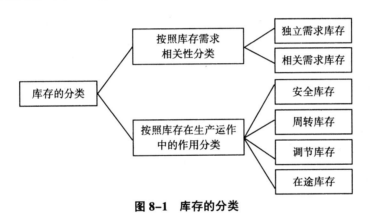

**图 8-1　库存的分类**

### （一）按照库存需求相关性，可分为独立和相关需求库存

1. 独立需求库存

独立需求是指客户对最终产品或服务的需求。独立需求的需求对象和数量是不确定的，企业只能通过相关的市场预测来进行粗略的估算。如某家电企业通过市场需求预测，确定每年生产电视机 500 万台，因此，这 500 万台的电视机的需求就是独立需求。

相对应于独立需求而产生的库存称为独立需求库存。具体来说，独立需求库存是指库存需求是独立的，与其他产品或材料没有相关关系。独立需求库存只取决于市场和顾客的需求，是面向最终消费者的最终产品和标准件。如某家电企业通过市场需求预测，确定每年生产电视机 500 万台，到了年末，电视机的库存量为 4000 台，那么这 4000 台电视机的库存就是独立需求库存。

### 2. 相关需求库存

相关需求也称为非独立需求，主要是指企业内部物料转化各环节之间所发生的需求。根据最终产品的独立需求，企业可以精确地计算出其物料的相关需求。如某家电企业通过需求预测，确定每年生产电视机 500 万台，根据该电视机的生产量，该企业可精确地计算出电视机的零部件和原材料的数量，因此对零部件和原材料的需求就是相关需求。

相对应于相关需求而产生的库存称为相关需求库存。相关需求库存也称为非独立需求库存，是指库存需求在数量上和时间上依赖其他产品或材料的需求。相关需求库存通常是指制造业中的零部件库存。如某家电企业通过需求预测，确定每年生产电视机 500 万台，到了年末，电视机的库存为 4000 台，对此，企业可以计算出这 4000 台电视机所需的零部件和原材料的具体数量，这些零部件和原材料的库存就是相关需求库存。①

### （二）按照库存在生产运作中的作用，可分为安全库存、周转库存、调节库存和在途库存

#### 1. 安全库存

安全库存是生产企业为了应对需求、供应以及生产周期等因素的不确定性而设置的具有一定数量水平的库存。

#### 2. 周转库存

周转库存是指由批量周期性形成的库存。也就是说，企业生产或订货是以批量的形式进行的，即批量购入或批量生产，而非按照每次一件的方式，这样就可以节省订货费用或作业交换费用，从而达到降低成本的目的。

#### 3. 调节库存

调节库存是指为了调节供应和需求的不平衡、各个生产阶段产出的不平衡、

---

① 赵红梅，岳建集. 生产运作管理［M］. 北京：人民邮电出版社，2007.

生产速度与供应速度的不平衡而设置的库存。

### 4. 在途库存

在途库存是指因为运输而形成的在两个工作地点之间或相邻两个销售组织之间的库存。

## 三、库存的作用

库存是闲置的资源，它不能立即为企业创造效益，但库存又是必需的，库存的作用主要有以下几点，如图 8-2 所示。

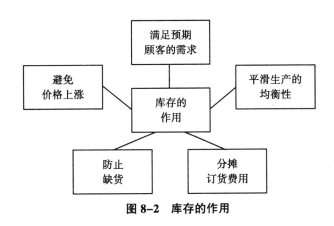

**图 8-2　库存的作用**

### （一）满足预期顾客的需求

顾客的需求具有不确定性，在一段时间内预期需求量与实际需求量很难一致，因此企业必须保留一定的成品库存，方便顾客快速购买到所需要的商品，这样可以缩短顾客的订货提前期，也有利于企业争取到更多的顾客，建立竞争优势。

### （二）平滑生产的均衡性

企业外部市场需求是不确定的，而企业内部生产却是均衡的，在一定时间内很难增加或减少产量。如果企业既要满足外部市场的需求，又要保持生产的均衡性，那么企业仓库必须保持一定量的库存，以保证生产的均衡性。

### （三）分摊订货费用

如果企业需要一件商品就订购一件商品，那么企业所需的平均订货费用肯定会较高，从而增加了产品的成本；而如果企业依据内部数据信息计算出最佳订货量，一次采购一批，那么订货费用就会由于批量采购而形成规模效益，从而降低平均订货费用。在生产过程中，企业采用一次加工一批的生产方式，可以分摊生产准备费用和结束整理费用。

### （四）防止缺货

商店缺货是由缺少库存引起的。商店没有充足的商品库存，产生缺货，顾客就买不到商品，从短期看，这会减少商店的收益，从长期看，缺货现象可能导致客源的流失。因此，商店应保持一定量的商品库存，以防止缺货。在生产过程中，企业也应保持一定量的原材料或在制品库存，以防止缺货而中断生产。

### （五）避免价格上涨

企业一般会预测商品未来的价格走势，对价格可能上涨的商品大量采购，增加库存，另外，还可以通过增加订货量获得价格优惠。

## 四、库存控制的目标

库存控制是企业生产运作过程中的一个难点。如果企业的库存量过多，就会使库存占用大量流动资金，从而增加了企业的成本；如果企业的库存量过少，就会造成缺货现象，从而使生产失衡，顾客流失。具体来说，企业的库存控制有以下目标：

### （一）控制成本

企业生产运作管理的主要目标是降低成本，而库存的存在，无论如何都会占用一定的流动资金，从而增加了企业的成本。企业库存控制的首要目标是在保证企业生产运作需求的前提下，尽量减少库存量，将库存成本维持在一个合理的范围内，从而提高库存周转率，有效地控制企业的成本。

## （二）保证生产供应

企业如果不保持一定数量的原材料、零部件及在制品的库存，就会在生产过程中因为缺货而不得不中断生产，这必然会给企业造成损失。因此，企业必须采取有效的库存控制手段来保证生产的供应，从而维持生产的正常运行。

## （三）提高服务水平

顾客满意度是衡量库存控制的有效标准之一。不良的库存控制易导致库存不足，从而出现缺货以及延迟送货等情况，最终就会造成顾客满意度下降以及顾客流失等现象。因此，企业的库存控制必须要做到在库存成本的合理范围内，不断提高顾客服务水平，提升顾客满意度。

# 第二节　库存管理的基本方式

合适的库存管理方式有利于企业提高库存系统的服务水平，降低成本，最终达到提高经济效益的目的。

——佚名

## 一、ABC 库存管理方式

企业为了更好地管理库存，需要不断地进行盘点、发放订单、接收订货等工作，而这些工作耗费了企业大量的资金和时间。在资源有限的情况下，企业不可能同样地对待所有的库存物资，因为这样会降低企业的管理效率，并且加重了成本的负担。在这种情况下，企业应该根据各种库存物资的相对重要程度进行分类控制，从而重点控制重要的物资。

ABC 库存管理方式是一种库存重点控制方式，其主要思想来自于帕累托原理。帕累托发现，20%的人口掌握了80%的物质财富，即著名的"20/80"定律，这种可概括为"关键少数、次要多数"的现象正是帕累托原理。帕累托原理告诉企业在进行库存控制时，应该抓住数量少的关键产品，集中控制重要物资。

ABC 库存管理方式按产品金额的大小把库存产品分为三类：A 类产品、B 类产品、C 类产品。企业把库存产品分类后，针对每一类产品采取相应的管理措施，从而提高库存利用率，节约资金占用。每类产品的含义及库存管理方法如表8-1所示。

**表 8-1  ABC 库存管理方式**

| 库存类型 | 品种数量比例 | 金额数量比例 | 库存管理措施 |
|---|---|---|---|
| A类产品 | 5%~15% | 70%~80% | 严格管理，密集盘点和检查库存，定期订购产品 |
| B类产品 | 20%~30% | 15%~25% | 一般管理，盘点和检查周期适中，定期采购或定量采购 |
| C类产品 | 60%~70% | 5%~10% | 简单管理，盘点和检查周期较长，需要定量订购产品 |

ABC 库存管理方式的分类方法并不唯一，其分类目标是分离重要物资和非重要物资。具体的划分标准主要取决于实际的库存问题以及相关管理人员有多少时间来进行库存管理。

ABC 库存管理方式的优点有降低库存，节约资金，提高经济效益，同时这种分类方式简便实用，易于推广，便于简化和控制工作。

## 【案例 8-1】

## ABC 库存管理方式优化库存管理

甲公司是一家专门经营进出口药品的公司，该公司经营的药品共有30个品种。对于甲公司这样的贸易公司而言，由于其产品品种繁多，交货期较长，因此库存管理的效率十分低下。为了优化库存管理，甲公司的总经理建议，采用 ABC 库存管理方式，将30种产品按照销售额的大小分为 A、B、C 三类：

（1）将销售额排在前三位的药品归为 A 类产品。对于 A 类产品，甲公司对其进行严格的库存控制，每天都进行仔细的库存盘点和检查，以明确其库存信息。由于此类产品销售量大且不确定，因此需要定期订购这类产品。A类产品占用了大量的时间与精力进行管理，从而得到了较高的库存周转率。

（2）将排在第四位到第十位的7种药品归为B类产品。对于B类产品，甲公司对其进行一般的库存控制，实行周期性的盘点与检查，盘点与检查周期为一个月。甲公司对B类产品实行定期采购，从而使其库存周转率低于A类产品。

（3）将排在最后的20种药品归为C类产品。对于C类产品，甲公司对其进行简单的库存控制，盘点和检查的周期较长。当此类产品的库存达到最低库存时，就以定量订购的方式补充库存。在三类产品中，C类产品的库存周转率最低。

资料来源：王松林.物流案例与实践［M］.上海：上海交通大学出版社，2008.

## 二、先入先出的库存管理方式

企业常常使用的库存管理方法是先入先出法，又称为新陈代谢法，是指企业在物料使用方面采取先入库先使用的方式。使用这种方法，企业库存里剩下的物料全是新的。如果企业不采用先入先出法，库存里剩下的物料全是旧的，日积月累就容易造成物料过期，给企业带来经济损失。

针对不同种类的物料，企业应采取不同的保护措施。对于易潮易腐的物料，应加大力度保护，而对某些物料则不需要采取保护措施。

## 三、后入先出的库存管理方式

后入先出法是指企业先使用后入库的物料。使用这样方法，企业库存剩下的物料全是旧的。后入先出法会促使库存管理人员设法改善库存工作，避免物料损坏给企业带来经济损失。

一般后入先出法的实际做法是，后入库的物料并不是立即运往仓库，而是直接运往物料预先准备的存放地，以方便生产使用。如果还有生产剩余物料，再把它送入仓库。

# 第三节　库存管理的决策模型

库存管理应该"分而治之"，企业应根据其所处的生产经营条件来选择合适的库存管理决策模型。

——胡珉

## 一、与库存有关的成本

与库存有关的成本如图 8-3 所示。

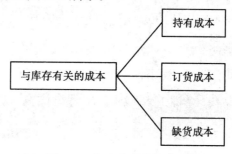

**图 8-3　与库存有关的成本**

### （一）持有成本

持有成本，又称为置存成本。第七章第四节曾提到过持有成本的概念，具体来说，持有成本是指企业在库存内因持有产品而花费的费用，包括库存维持费用、库存损失费用、库存保险费用等。许多企业没有将所有的持有成本包括在内，因此持有成本常常被低估。持有成本与订货次数无关，与每次订货量有关。

### （二）订货成本

订货成本是指企业从发出订单到收取货物所发生的费用，包括谈判费用、准备订单费用、收货检查费用等。订货成本与订货次数有关，与每次订货量无关。然而，当企业在生产订购产品时，订货成本称为准备成本。准备成本是指企业在生产订购产品时，调整生产设备、领取原材料所发生的费用。

### （三）缺货成本

同样地，第七章第四节也曾提及缺货成本的概念。具体来说，缺货成本是指企业某种产品被消耗尽后不能及时地补充，造成顾客的订货需求不能充分满足而产生的损失，包括销售机会、丧失的信誉、停工损失等。

## 二、独立需求的库存模型

正如本章第一节的内容所述，独立需求是对最终产品或服务的需求。独立需求的库存模型包含三种类型，分别是基本经济订货数量模型、生产订货数量模型和数量折扣模型，如图 8-4 所示。除了模型本身之外，订货点和订货量也是模型需要重点考虑的问题。

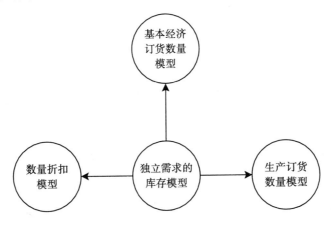

**图 8-4　独立需求的库存模型**

## 三、基本经济订货数量模型

基本经济订货数量模型（EOQ）应用起来比较简单，但是其应用也必须满足以下几条假设条件：企业所需产品的需求是稳定的，在一定时期内保持不变；企业从下达订货订单到收到订货之间的时间是确定的，在一定时期内保持不变；企业能够一次性获得订购的货物；无论企业的订货量是多少，都不会获得价格优惠；企业库存成本=准备成本+持有成本，其中准备成本和持有成本是可变的；企业订货及时，可以避免缺货。

在以上假设条件下，一段时间的库存使用情况会呈现出锯齿形状，如图 8-5 所示。在图 8-5 中，Q 代表一次性企业订货数量。我们假设这一订货数量代表某商店里的 500 台电视。供方交货时，500 台电视一次到位。这样，库存量一下子从 0 台上升到 500 台。一般来说，供方交货时，库存量是从 0 台上升到 Q 台。

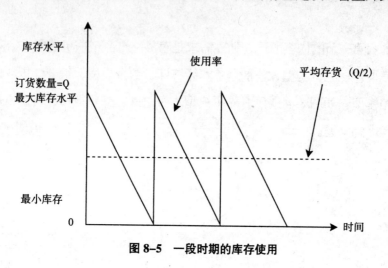

**图 8-5　一段时期的库存使用**

因为需求随时间稳定不变，存货消耗速度也稳定不变。当库存降低到 0 时，企业就需要安排订货。企业收到所定货物时，库存再一次从 0 上升到 Q。

企业的库存成本=准备成本+持有成本，其中准备成本和持有成本是可变的。如果使企业的库存模型达到最优，即库存成本最低，必须降低准备成本和持有成本。设 $Q^*$ 为库存成本最低时的最佳订货量。

运用 EOQ 模型可知，最佳订货量是在总准备成本和总持有成本相等的点上，因此，可以通过准备成本与持有成本相等的等式推导出 $Q^*$ 数学表达式。

可以确定准备成本和持有成本，然后求得 $Q^*$。

假设，Q 为企业每次订货的数量；Q* 为企业每次订货的最佳订货量；D 为企业订货产品的每年需求量；S 为企业每次订货的准备成本；H 为企业每年每件订货产品的持有成本。

每年的准备成本 =（每年的订货次数）×（每次订货准备或订货成本）=（年需求量/每次订货数量）×（每次订货准备或订货成本）= $\dfrac{D}{Q} \times S$

每年的持有成本 =（平均存货水平）×（每年每件产品持有成本）=（$\dfrac{订货量}{2}$）×（每年每件产品持有成本）= $\dfrac{Q}{2} \times H$

当每年的准备成本=每年的持有成本时。可得最佳订货数量：

$$\dfrac{D}{Q} \times S = \dfrac{Q}{2} \times H$$

为了得到 Q*，只需对上式交叉相乘，并将 Q 移到等式左边，得：

$$Q^* = \sqrt{\dfrac{2DS}{H}}$$

现在，我们推导出求最佳订货量 Q* 的方程，就可以直接求解库存问题。决定这一年预期的订货次数（N）以及预期的订货间隔（T）如下：

预期订货次数（N）= $\dfrac{需求}{每次的订货量}$ = $\dfrac{D}{Q^*}$

预期的订货间隔（T）= $\dfrac{一年中的工作天数}{预期订货的次数}$ = $\dfrac{Y}{N}$

其中，Y 为一年的工作天数。

## 【案例 8-2】

### 基本经济订货数量模型的应用

某企业生产某一产品需一批零件，为了降低库存成本，每次订货的零件数保持最佳数量。零件每年的需求量是 1500 个，准备或订货成本为每次订货 15 元，每年每单位产品持有成本为 0.5 元，已知一年有 250 个工作日。请根据以上数据，求每次订货的最佳数量。

每次订货的最佳数量：

$$Q^* = \sqrt{\frac{2DS}{H}} = \sqrt{\frac{2 \times 1500 \times 15}{0.5}} = 300 \ （个）$$

由最佳订货批量可得出预期订货次数（N）和每次预期订货间隔时间（T），如下：

$$N = \frac{D}{Q^*} = \frac{1500}{300} = 5 \ （次/年）$$

$$T = \frac{Y}{N} = \frac{250}{5} = 50 \ （天）$$

其中，D 为年需求；$Q^*$ 为订货批量；S 为订货成本；H 为单位产品持有成本；N 为预期订货次数；T 为每次预期订货间隔；Y 为年工作日数。

正如本章前面所提到的，每年的总库存成本为准备成本和持有成本之和，根据该模型中的数量，可将总成本表达为：

$$TC = \frac{D}{Q^*}S + \frac{Q^*}{2}H$$

其中，TC 为总成本。

## 【案例 8-3】

### 库存总成本的应用

使用【案例 8-2】的数据，我们可得出每年库存总成本为：

$$TC = \frac{D}{Q^*}S + \frac{Q^*}{2}H = \frac{1500}{300} \times 15 + \frac{300}{2} \times 0.5 = 150 \ （元）$$

企业决定了订货量是多少，接下来还需要决定在什么时候订货。一般来讲，企业下达订单到收到订货之间需要一段缓冲时间，我们将这段缓冲时间称为订货提前期。与订货提前期相对应的是再订货点（ROF），即企业在这个点下达订单，可以保证企业不会缺货，如图 8-6 所示。

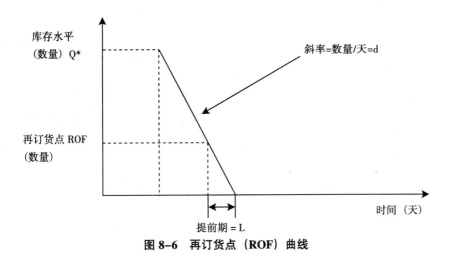

**图 8-6　再订货点（ROF）曲线**

再订货点可由下式得到：

$$ROF = d \times L$$

其中，d 为每天的需求；L 为新订货的提前期。

企业需求情况并不是保持稳定的，有一定的波动性，因此 ROF 还应加入安全库存：

$$ROF = d \times L + SS$$

其中，SS 为安全库存。

每天的需求 d 是由每年的需求量 D 除以每年的工作天数得到的：

$$d = \frac{D}{Y}$$

其中，Y 为年工作天数。

## 【案例 8-4】

### 再订货点的应用

某企业每年需要某零件的数量为 11250 个，该企业每年工作时间为 250 天，平均每次订货的提前期为 3 天，请计算再订货点。

零件每天的需求量：

$$d = \frac{D}{Y} = \frac{11250}{250} = 45 \ （个）$$

再订货点：

$$ROF = d \times L = 45 \times 3 = 135 \ （个）$$

其中，d 为每天的需求；D 为年需求量；Y 为年工作天数；L 为订货提前期。

由此可见，当该零件的库存下降到 135 个时，企业采购部门就应该重新订货。所订货物在 3 天后运到，就能保证企业的生产正常进行。

## 四、生产订货数量模型

基本经济订货数量模型假设企业一次性收到订货。然而，企业的订货可以在一定时期内分次收到，这种情况就需要生产订货数量模型。生产订货数量模型适用于企业生产和销售同时进行，或者企业下达的订单在一定时期内分次到达的情况。在这些情况下，企业需要考虑每日生产率（或库存流量）和每日需求率，如图 8-7 所示。

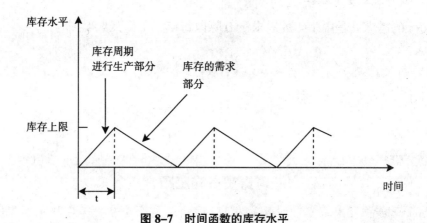

**图 8-7　时间函数的库存水平**

假设：Q 为企业每次订货的数量；H 为企业每年每件订货产品的持有成本；S 为企业每次订货的准备成本；p 为每日生产率；d 为每日需求率；t 为进行生产

的天数。可以得出生产订货模型中每年库存持有成本的表达式：

年库存持有成本 = 平均库存水平 × 每年每件产品的持有成本

$$= 平均库存水平 \times H$$

平均库存水平 = (最小库存水平 + 最大库存水平) /2

最大库存水平 = 生产运作期间总生产量 – 生产运作期间总需求量 = pt–dt

其中，Q=pt，则 $t=\dfrac{Q}{p}$。

最大库存水平 $= p\left(\dfrac{Q}{p}\right) - d\left(\dfrac{Q}{p}\right)$

$$= Q - \dfrac{d}{p}Q$$

$$= Q\left(1 - \dfrac{d}{p}\right)$$

平均库存持有成本（或简化为持有成本）$= \dfrac{最大库存水平}{2}H = \dfrac{Q}{2}\left(1 - \dfrac{d}{p}\right)H$

运用上面的持有成本的表达式和在 EOQ 模型上得到的准备成本的表达式，我们使准备成本等于持有成本，可得到每次订货数量的最优件数：

准备成本 $= \dfrac{D}{Q}S$

持有成本 $= \dfrac{Q}{2}\left(1 - \dfrac{d}{p}\right)H$

使订货成本等于持有成本，则得出 $Q^*$：

$$\frac{D}{Q}S = \frac{Q}{2}\left(1 - \frac{d}{p}\right)H$$

$$Q^* = \sqrt{\frac{2DS}{H\left(1 - d/p\right)}}$$

我们也可利用下式计算日需求量及工厂开工天数。

$$d = \frac{D}{工厂开工天数}$$

则工厂开工的天数 $= \dfrac{D}{d}$

## 【案例8-5】

### 生产订货数量模型的应用

电脑生产企业预计明年配件A的年需求量为2400件/天，日需求量为7件/天，日生产率为9件/天，准备成本为12元，持有成本为0.5件/年，请计算该企业每次订货的最佳数量。

企业每次订货的最佳数量：

$$Q^* \sqrt{\frac{2DS}{H(1-d/p)}} = \sqrt{\frac{2 \times 2400 \times 12}{0.5(1-7/9)}} = 720 \ （个）$$

其中，每年需求 $D=2400$ 件；准备成本 $S=12$ 元；持有成本 $H=0.5$ 件/年；日生产率 $p=9$ 件/天；日需求量 $d=7$ 件/天。

## 五、数量折扣模型

企业为了可以提高销售量，会主动给予客户数量折扣，即客户购买数量超过一定限额时，会获得价格优惠。常见的数量折扣计划如表8-2所示。

表8-2 数量折扣计划

| 序号 | 折扣数量（件） | 折扣（%） | 折扣价格（元） |
|------|--------------|----------|--------------|
| 1 | 0~999 | 0 | 5.00 |
| 2 | 1000~1999 | 4 | 4.80 |
| 3 | 2000以上 | 5 | 4.75 |

如表8-2所示，商品的正常价格为5元。当客户一次性订货数量达到1000~1999件时，每件商品的价格降低0.20元；当客户一次性订货数量达到2000件以上，每件商品的价格则降低0.25元。企业提供了数量折扣，客户应如何决定订货量和订货时间呢？

因为表8-2中的第三项折扣所花的单位成本最低，企业可以利用这一较低的单位成本优势，尝试订购 2000 件以上的产品。但是企业获得订货产品单位价格最低时，并不能保证产品准备成本和持有成本最低。由于企业一次性订货数量不同，产品的单位价格也不同，则：

企业总成本 = 准备成本 + 持有成本 + 产品成本

$$企业总成本 = \frac{D}{Q}S + \frac{Q}{2}H + PD$$

其中，P 为产品单位价格，其他变量的含义与前面相同。

在数量折扣模型下求解最佳订货量 $Q^*$ 一般经过：

在每种数量折扣下，根据 $Q^* = \sqrt{\frac{2DS}{IP}}$ 求得最佳订货量 $Q^*$，企业库存产品的持有成本一般以产品单位价格的百分比表示：H=IP，I 表示持有成本占产品单位价格的比例。

如果利用第一步骤计算的最佳订货量 $Q^*$ 不在数量折扣范围内，应把 $Q^*$ 提高到数量折扣范围的下限。如表 8-2 中第二种折扣下的最佳订量 $Q^*$ 为 500 单位，而为获得该价，订量就应提高到 1000 单位，因为订货量在 1000~1999 件才享有 4% 的折扣。

根据企业总成本 $= \frac{D}{Q}S + \frac{Q}{2}H + PD$ 计算出每种数量折扣下的总成本，该公式中的 Q 是第二步骤经过调整后所得到的最佳订货量 $Q^*$。

选择第三步骤中总成本最低的 $Q^*$，其就是企业的最佳订货量。

## 【案例 8-6】

### 数量折扣模型的应用

某饮料公司为了鼓励销售渠道中各零售商增加订购某一种饮料的数量，制定了该饮料订购数量折扣计划（见表 8-2）。该零售商每年饮料销售数量 D=10000 瓶，每次订货成本 S=20 元，持有成本 H 为单位产品价格的 20%，根据已知值，计算该零售商的最佳订货量。

（1）在零折扣下：

$$Q^* = \sqrt{\frac{2DS}{IP}} = \sqrt{\frac{2 \times 10000 \times 20}{5 \times 20\%}} = 632 \text{（件）}$$

$$TC = \frac{D}{Q}S + \frac{Q}{2}H + PD$$

$$= \frac{10000}{632}20 + \frac{632}{2}(5 \times 20\%) + 5 \times 10000$$

$$= 50632 \text{（元）}$$

（2）在4%的折扣下：

$$Q^* = \sqrt{\frac{2DS}{IP}} = \sqrt{\frac{2 \times 10000 \times 20}{4.8 \times 20\%}} = 645 \text{（件）}$$

因为645<1000，无法获得折扣，所以取 $Q^* = 1000$ 件：

$$TC = \frac{D}{Q}S + \frac{Q}{2}H + PD$$

$$= \frac{10000}{1000}20 + \frac{1000}{2}(4.8 \times 20\%) + 4.8 \times 10000$$

$$= 48680 \text{（元）}$$

（3）在5%的折扣下：

$$Q^* = \sqrt{\frac{2DS}{IP}} = 649 \text{（件）}$$

因为649<2000，无法获得折扣，所以取 $Q^* = 2000$ 件：

$$TC = \frac{D}{Q}S + \frac{Q}{2}H + PD$$

$$= \frac{10000}{2000}20 + \frac{2000}{2}(4.75 \times 20\%) + 4.75 \times 10000$$

$$= 48550 \text{（元）}$$

通过以上分析可知，在5%的折扣下总成本最低，所以最佳订货量 $Q^* = 2000$ 件。

## 本章小结

库存管理是企业生产运作活动中的一个必要环节。有效的库存管理,有助于企业提高库存系统的服务水平,从而降低成本,最终达到提高经济效益的目的。库存管理的基本方式主要包括:ABC库存管理方式、先入先出的库存管理方式和后入先出的库存管理方式。而在库存管理决策模型中,有三种常用的独立需求库存模型:基本经济订货数量模型、生产订货数量模型和数量折扣模型。这三种库存模型都有它们特定的假设和适用的生产条件。这三种库存模型主要讨论了两个重要的问题,即企业应该什么时候订货和企业应该订多少货。围绕这两个问题,不同的企业应根据自身的生产方式和库存条件的实际情况,选择合适的库存决策模型,从而计算其预期订货间隔和每次订货的最佳订货量,最终达到降低成本、提高收益的目的。

# 第九章　供应链管理

## 本田美国公司与供应商的合作伙伴关系

本田美国公司位于美国的俄亥俄州，其生产的汽车是本田公司在美国销量最好的汽车，且拥有很高的客户忠诚度。长期以来，本田美国公司都致力于与供应商建立长期的战略性合作伙伴关系，并选择离制造厂距离近的供应源，以保证供货的及时性，提高供应链管理水平。

除了在采购业务上与供应商进行合作，本田美国公司还致力于帮助供应商改进其经营能力，从而使供应商能够达到本田美国公司的业绩标准，成为优秀的供应商。本田美国公司向供应商提供的帮助主要有：

（1）深入了解供应商的运作情况。

（2）加强与供应商的沟通，确保高效率的供货。

（3）指派 2 名员工帮助供应商改善其内部管理。

（4）质量控制部门配备 120 名工程师帮助供应商解决供货质量问题。

（5）生产部门指派 40 名工程师帮助供应商提高产品生产率和产品质量。

（6）在相关技术领域内为供应商提供技术支持。

（7）成立特殊小组帮助供应商解决特定的难题。

在市场竞争愈演愈烈的今天，供应链的竞争对企业而言尤为重要。与供应商之间的长期信赖合作关系是本田美国公司获得成功的关键因素之一。

资料来源：http://edu.wuliu800.com/2008/1127/513.html.

【案例启示】企业与供应商的关系是密不可分的，供应商可以提供给企业需要的零部件，大大节约了企业的投资成本和精力，使企业将更多的资金和精力花在自身的建设和管理上，缩短产品的上市周期，提高企业的反应速度，从而提高企业的盈利能力。目前企业的竞争已经开始从以前的产品竞争转向供应链竞争。那么什么是供应链？怎样对整条供应链进行管理？怎样设计供应链？这些问题将在本章得到解决。

**本章您将了解到：**

● 供应链的概念、基本结构以及特征

● 供应链管理的内涵、基本观念及主要内容

● 供应链的几种常见模型

● 供应链设计的原则以及步骤

● 供应商选择的影响因素及步骤

● 物流管理的概念、目标以及其与供应链管理的区别

# 第一节　供应链概述

市场上只有供应链而没有企业。

——马丁·克里斯托夫

## 一、供应链的概念

供应链是围绕核心企业，通过对物流、资金流、信息流进行控制，将供应商、制造商、分销商、零售商，直到最终用户整合成一个有机整体的网链结构和

模式。供应链从采购原材料开始，经过中间产品的制作和产成品的生产，最终到达消费者手中截止。因此，供应链包含了从原料到成品，最后到达最终消费者的整个活动过程。①

供应链是"横向一体化"的结果。早期的企业大多采用"纵向一体化"的模式，即加强企业对原材料、制造、分销和销售过程的全控制，但是随着市场经济的不断发展，"纵向一体化"的思想越来越不能适应现实。"横向一体化"把企业纳入到整个市场之中，从而使企业可以更好地利用外部优势。在利用外部优势的过程中，企业与供应商形成了一种水平的关系，这就是"横向一体化"。企业在这个过程中可以关注自身核心竞争力的构建，同时与这些优秀的企业形成战略联盟，组成利益共同体。

## 二、供应链的基本结构

供应链是围绕核心企业的一个网链结构，这条网链结构上存在产品链、信息链、资金链，还存在为企业带来价值的增值链，如图9-1所示。

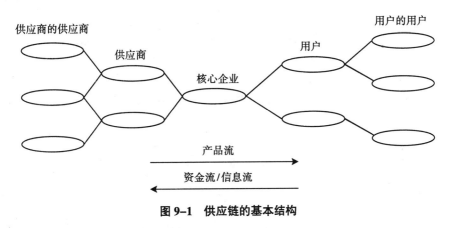

**图9-1 供应链的基本结构**

由图9-1可以看出，供应链上存在很多家节点企业，节点企业位于供应链上的不同环节，其作用是不同的。依据功能来看，供应链上的节点企业主要包括：

① 马士华，林勇，陈志祥. 供应链管理 [M]. 北京：机械工业出版社，2000.

供应商、制造商、生产商、分销商、零售商。

　　供应链是多家企业集成的一个网链结构，具有复杂性，其复杂程度主要取决于三个方面，即供应链的长度、供应链的宽度、节点企业之间的关系。其中，供应链的长度是指供应链的环节，即供应链经过环节的数量；供应链的宽度是指每个环节上节点企业的数量；节点企业之间的关系不仅包括同一环节上节点企业之间的关系，还包括不同环节上节点企业之间的关系。

　　供应链上一定有一家核心企业，这家核心企业可以是制造商，也可以是零售商，核心企业主导和集成各个节点企业的生产经营活动，最终形成一个具有核心竞争力的网链结构模型。

### 三、供应链的特征

　　供应链的网状结构向我们展示了供应链的特征。归纳起来，供应链的特征如图 9-2 所示。

**图 9-2　供应链的特征**

### （一）复杂性

　　供应链是由很多家节点企业组成的，这些节点企业分别处于不同环节，节点企业之间的关系错综复杂。供应链上存在产品流、资金流、信息流三种形态，而这三种形态在节点企业之间交叉流动，具有较大复杂性，不易控制。

### （二）动态性

供应链的产生源于企业需要适应市场变化。供应链这种网链结构可以为节点企业的动态创新提供良好的氛围，这就促使供应链要具有动态性。

### （三）集成性

供应链是由各个节点企业通过相互作用而构成的，因此供应链集成了供应商、制造商、生产商、分销商、零售商的信息，甚至还集成了消费者的需求信息。

### （四）交叉性

节点企业是供应链上的成员，它们之间具有交叉的关系。同环节的节点企业有联系，不同环节的节点企业也有联系，节点企业这种交叉关系造成了供应链的交叉性。

### （五）群体性

供应链是网络链状结构，具有网络化组织的特点。供应链是由节点企业组成的网络组织，节点企业在制订计划时不能只考虑自己，同时还需要考虑与之有紧密关系的其他节点企业，这样才能形成共赢的网络化组织。

## 【案例9-1】

### 日本7-11便利店的供应链管理

日本7-11是日本著名的连锁便利店集团。7-11以其高效的供应链管理而著称，并在零售业市场竞争中占领了优势地位。

7-11便利店的店面面积非常小，但其提供的商品却达3000多种。7-11采用小批量频繁进货的方式进行进货，从而对供应链管理的要求很高。为了增强供应链管理的水平，7-11对其分销渠道进行了重组与改革，并与分销商、批发商、制造商签订协议，共同开发高效的分销渠道，从而快速地与所有连锁门店进行链接。改进后的分销渠道为批发商带来了更大的市场空间，批发商能够在若干指定的销售区域内授权经营不同制造商生产的产品，从而提高了配送效率，降低了物流成本，保证了小批量频繁进货的高效运行。

资料来源：http://www.sovexsystems.com.cn/_d270703566.htm.

# 第二节　供应链管理

供应链管理是一种战略管理思想。企业进行供应链管理时应对全局进行规划，从战略的角度去考虑供应链的地位。

——佚名

## 一、供应链管理的内涵

供应链管理（Supply Chain Management，SCM）是一种为了满足顾客的需求，并降低整条供应链的总成本，而对供应链中的供应商、制造商、分销商、零售商和最终客户之间的产品流、物流、资金流、信息流、价值流进行集成、计划、组织和控制的管理方法。

---

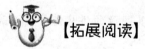 【拓展阅读】

### 供应链管理的内涵

（1）供应链管理最终目标是满足顾客的需求。

（2）供应链管理的直接目的是追求整条供应链的有效性，即追求整条供应链的总成本最低。

（3）供应链管理是指对供应链上的产品流、物流、资金流、信息流、价值流执行集成、计划、组织、控制等职能的过程。

---

## 二、供应链管理的基本观念

### （一）系统观念

供应链管理考虑了所有的节点企业，包括供应商、制造商、生产商、分销商、零售商，并把这些节点企业视为有机联系的整体。

### （二）同一目标的观念

供应链上所有节点企业的目标是提供顾客满意的产品，并使整个供应链的总成本最低，而不是仅仅考虑自己企业的成本。

### （三）价值最大化观念

供应链管理积极寻找供应链上可以增加价值的环节，然后对这些环节重点管理，使整条供应链的价值最大化。

### （四）共赢观念

以前，节点企业之间存在竞争关系，为了争夺利润，不是你死就是我活。而现在，节点企业都处于供应链环境下，由竞争关系变为协作关系，成为联系紧密的伙伴，共创共赢的局面。

### （五）核心竞争力观念

单个节点企业的核心竞争力是易于消失的，只有各个节点企业共同合作，集成供应链，其核心竞争力才会持久，才能形成群体竞争优势。

## 三、供应链管理的主要内容

由图9-3可以看出，供应链管理主要涉及四大领域：需求预测、生产作业、采购与供应、后勤管理。供应链管理的目标是提高顾客满意水平和降低交易成本，但这两个目标往往是冲突的，需要在实践中平衡。

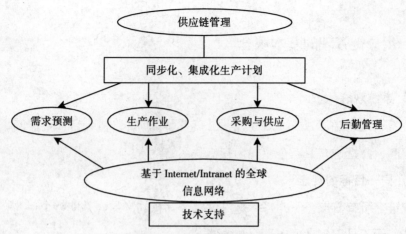

**图 9-3 供应链管理涉及领域**

资料来源：陈荣秋，周水银.生产运作管理的理论与实践［M］.北京：中国人民大学出版社，2003.

具体来讲，供应链管理主要包括：根据企业运作的实际情况，制定供应链配送战略；构建供应链配送网络；对整个供应链上的节点企业进行集成，并与之建立战略联盟关系；建设供应链信息技术平台，集成供应链上的各方面信息；完善供应链上的产品设计和产品制造；控制供应链上的库存；不断提升供应链的运作能力，从而为顾客提供更高质量的产品或服务，为企业创造更多价值。

【拓展阅读】

### 绿色供应链特征

（1）充分考虑环境因素。

（2）实现与供应商之间的数据共享。

（3）闭环运作——注重废弃物的利用。

（4）体现并行工程的作用——在设计一开始，就充分考虑设计下游有可能涉及的影响因素。

（5）充分应用现代网络技术。

资料来源：晏维龙，曹杰.论绿色供应链管理［J］.社会科学辑刊，2004(1).

## 【案例 9-2】

## 麦德龙限定目标群的供应链管理

著名的跨国连锁超市麦德龙公司于 1995 年落户上海。至 2000 年，麦德龙已相继在上海、无锡、宁波、南京、东莞等地开设分店。在扩张过程中，麦德龙以划定目标顾客群的方式进行供应链管理。

1. 信息化的供应链管理

麦德龙利用信息技术，建立适合其管理体制的信息管理系统，从而实行信息化的供应链管理。通过这个系统，麦德龙能够快速地核对订货数量和交货数量，从而提高了供应链管理的效率。

2. 实施标准化管理

麦德龙将成功的运作模式复制到每个商场，使所有商场都实施标准化管理。麦德龙的每一家门店都与仓储合二为一，从而使销售和存货相结合，大大地提高了补货的效率。

3. 限定客户

很多时候，进入麦德龙的客户不全是其目标客户，非目标客户并不能为企业带来最大的价值，反而增加了企业的经营成本。麦德龙限定了客户群，明确了目标客户的需求，并采取针对性的营销方针，针对目标客户优化商品品种，从而获得更多价值。

从麦德龙的几点供应链管理的策略，我们不难发现，企业应找准自己的目标客户，根据自身的实际，结合客户的特点实施供应链管理，这样才能更有效率。

资料来源：胡军，王珊珊. 供应链管理案例精选 [M]. 杭州：浙江大学出版社，2007.

# 第三节　供应链设计

真正的竞争不是企业与企业之间的竞争，而是供应链和供应链之间的竞争。

——马丁·克里斯托夫

## 一、供应链的几种常见模型

### （一）供应链模型 I：链状模型

由图 9-4 可以看出，供应链模型 I 是一个非常简单的链状模型。供应链起源于自然界，也就是供应链最初是从自然界获得原材料，然后经过供应商运输、制造商加工装配、再经过分销商的销售，最终成为顾客满意的产品。并且从图 9-4 的虚线还可以看出，产品经过顾客的消费最终又回到自然界，这是一个物质循环过程。

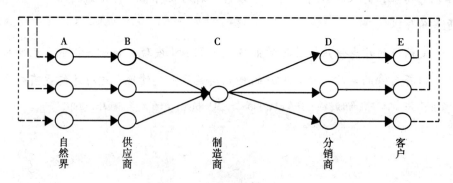

图 9-4　模型 I：链状模型

### (二) 供应链模型 II：链状模型

供应链模型 I 可以进一步抽象为供应链模型 II，如图 9-5 所示。供应链模型 II 把每个环节上的企业抽象为一个节点，并用字母表示。供应链模型 II 上每个字母并没有表明其含义，但具有连续性。假设 D 为制造商，则 C 为一级供应商，B 为二级供应商，A 为三级供应商，E 为分销商。供应链模型 II 着重过程研究。

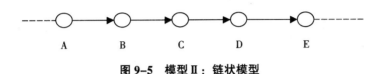

**图 9-5  模型 II：链状模型**

### (三) 供应链模型 III：网状模型

供应链模型 III 说明了供应链的每个节点上存在大量企业，这些企业之间存在错综复杂的关系，这些关系有强有弱，并随着外部环境的变化而变化（见图 9-6）。这个模型更能说明供应链的网络性和复杂性，这是供应链模型 II 的扩展。

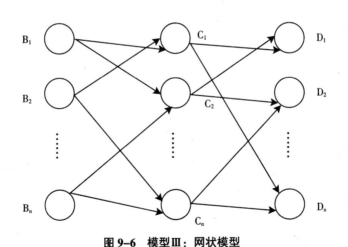

**图 9-6  模型 III：网状模型**

## 二、供应链设计的原则

在供应链设计的过程中我们需要遵循一定的原则，才能保证供应链思想能够更好地得到贯彻实施。供应链设计一般要遵循以下原则：

**（一）自底向上与自顶向下相结合的原则**

许多系统模型的设计均遵循自顶向下或自底向上的方法。自顶向下是从总体到局部，而自底向上则是从局部到总体。这两者看似完全相反，但是在供应链设计的过程中我们必须时刻以系统的观念来看待问题，因而必须坚持自底向上与自顶向下相结合的原则。

**（二）简洁性原则**

企业的供应链看起来十分的庞杂，但是为了能够快速地响应市场，供应链的设计必须简洁。简洁性是供应链设计的重要原则。供应链的每个节点必须简洁、灵活，从而有利于业务流程的快速组合。

**（三）协调性原则**

只有供应链上的各个供应商、制造商、分销商、客户等能够保持相互协调的合作关系，企业才能不断增强供应链的效益，不断提升竞争能力，因此建立和谐的合作关系是整条供应链得到良性发展的保证。

**（四）集优原则，实现强强联合**

在供应链的设计过程中，企业应尽量使每个节点企业能够达到最优，以实现强强联合，从而使整条供应链更具竞争优势。

**（五）动态性原则**

动态性在供应链设计中随处可见，动态性对企业来说是一个巨大的调整。因此企业需要预见各种动态因素，以减少动态性给企业带来的风险。企业要提高供应链动态因素预测的准确性，就需要简化供应链，去除供应链中冗余的中间环节，从而提高供应链的透明度，并降低动态性及不确定性的影响。

**（六）创新性原则**

创新性是供应链设计的重要原则。供应链的设计必须打破传统的思维方式和传统的供应链运作方式，结合企业自身实际、外部环境以及创新性思维，设计一条更具创新性的供应链。

### 供应链设计方式

供应链设计主要有两种战略选择方式，即推动式和拉动式。

（1）推动式。供应链的设计以供应链上游的制造商为核心，企业高度关注制造商的生产活动和生产安排，并将产品一步一步地推向客户。

（2）拉动式。供应链的设计以供应链下游的客户为核心，企业根据客户的需求变化情况来组织生产经营活动，使供应链具有较大的柔性。

## 三、供应链设计的步骤

从不同的侧重点出发，供应链设计的步骤各不相同。下面，我们将主要介绍两种常用的供应链设计的方法。

### （一）基于成本核算的供应链设计

基于成本核算的供应链设计的主要目的是使整条供应链的总成本最小。其中，供应链的成本结构主要包括物料成本、劳动力成本、运输成本、设备和其他变动成本。通过对这些成本结构的核算，使得供应链的总成本最小，从而实现供应链低成本、高效率的构建。

### （二）基于产品的供应链设计

供应链中生产和产品流通的总成本最终取决于企业生产的产品。企业生产产品的不同，可能导致供应链设计存在差异。我们将产品分为功能性产品和创新性产品。这两种产品的需求特征如表9-1所示。

表 9-1　功能性产品与创新性产品的需求特征

| 需求特征 | 功能性产品 | 创新性产品 |
|---|---|---|
| 产品寿命 | 大于 2 年 | 1~3 年 |
| 边际贡献 | 5%~20% | 20%~60% |
| 产品多样性 | 低 | 高 |
| 预测的平均边际错误率 | 10% | 40%~100% |
| 平均缺货率 | 1%~2% | 10%~40% |
| 季末降价率 | 0% | 10%~25% |
| 按订单生产的提前期 | 6 个月~1 年 | 1 天~2 周 |

由表 9-1 可知，功能性产品的边际贡献相对较低，而需求稳定性较高；创新性产品的边际贡献相对较高，而需求稳定性较低。这两种不同类型的产品分别适应于不同的供应链设计策略，如表 9-2 所示。

表 9-2　供应链设计与产品类型策略矩阵

| | 功能性产品 | 创新性产品 |
|---|---|---|
| 效益型供应链 | 匹配 | 不匹配 |
| 反应型供应链 | 不匹配 | 匹配 |

基于产品的供应链设计是目前最常用的供应链设计方法，本书将着重介绍此方法下的供应链设计的步骤。基于产品的供应链设计策略，供应链设计主要分为 8 个步骤，如图 9-7 所示。

**1. 分析市场竞争环境**

这一步骤是为供应链选择正确的市场，即针对顾客需求，开发需求产品的供应链。该步骤需要企业深入到市场中、顾客中进行调查，切实知道顾客需要什么，市场有哪些变化，竞争对手在做些什么。只有对市场环境了如指掌，才能构建有效的供应链。

## 2. 分析企业现状

这一步骤主要是发现企业的优势和劣势，确定供应链设计方向。供应链的设计需要利用企业的优势来弥补企业的劣势，从而为企业带来持久的竞争优势。

## 3. 分析供应链的必要性

针对第二步骤确定的供应链设计方向，提出供应链设计方案。这个设计方案既可以解决企业现有困境，又可以为企业带来新的发展机会。企业还得针对供应链设计方案进行必要性分析。

## 4. 提出供应链目标

供应链目标主要包括两个：提高顾客满意度和降低交易成本，这两个目标往往是矛盾的，所以企业在设计供应链时应针对这两个目标提出平衡的方法。

## 5. 确定供应链框架

供应链是由节点企业集成的，包括供应商、制造商、分销商、零售商。企业在这一个步骤应该确定评价标准，选择优秀的供应商、制造商、分销商、零售商组成利益共同体，从而形成最优化的供应链。

## 6. 供应链的可行性分析

这一步骤主要分析供应链的可行性，即在技术上确定供应链是否可以构建成功。如果供应链在技术上存在缺陷，则需要提出完善的措施和建议。如果供应链无法实现，就没必要进行下面的步骤，需要重新设计供应链，即回到第四步。

## 7. 设计供应链

该步骤主要针对供应链的主要内容进行设计，如需求预测、生产作业、供应与采购、后勤管理等。该步骤需要计算机技术、企业内部网等技术的支持。

## 8. 供应链检验

该步骤是利用一定技术检验供应链是否可行，如果不可行，回到第四步重新开始；如果可行，就开始执行设计好的供应链。

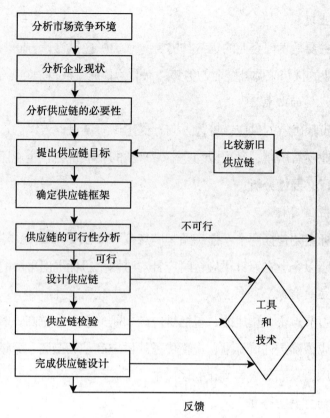

图9-7 供应链的设计步骤

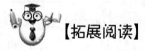 【拓展阅读】

### 利丰的"软三元"理论

利丰认为，全世界生产成本可以用这样的方程式来计算：

生产成本＝工厂生产成本（占25%）＋供应链成本（占75%）

利丰集团研究发现，在上述方程中，工厂生产成本这一项非常刚性，很难降低成本，榨不出太多的利润。他们把工厂生产成本称为"硬一元"成本，意即单纯而很难降低。

而在由物流、信息流和资金流组合而成的供应链上，由于占总成本的75%，降低成本的空间弹性非常大，如果管理得当，很容易省下大量成本。

由于供应链成本弹性很大，又由三个要素（流程、人、技术）组成，所以被利丰称为"软三元"。他们大力压缩供应链成本的理论，被称为"软三元"理论。

# 第四节　供应商的评估与选择

企业应该按照系统化的工作程序来对供应商进行识别、评估和选择。选择合适的供应商能够增强供应链的竞争力以及提高对客户需求的反应能力。

——佚名

## 一、供应商选择的影响因素

在供应链中影响企业选择供应商的因素主要有两类：与产品有关的因素、与交易有关的因素。

### （一）与产品有关的因素

#### 1. 价格因素

供应商的商品价格会影响最终产品的价格，而企业最终产品的价格是企业竞争力的一个主要因素，甚至决定了整条供应链的竞争力，其最直接的还是影响制造商、分销商的营利性，所以制造商在选择供应商时，价格是重要的影响因素。

#### 2. 质量因素

企业产品质量直接决定了顾客忠诚度，也就是决定了企业的市场地位，如果供应商提供的商品质量出现问题，则会直接影响企业最终产品的质量，造成企业流失大量顾客，甚至直接影响整条供应链的竞争力。因此企业在选择供应商时，质量是不得不考虑的因素。

### 3. 品种柔性因素

企业所处的环境时刻变化，企业要想在市场中站稳脚跟，就得提供符合市场要求的产品。而供应商无法提供企业所需产品的原材料也就直接制约了企业的灵活性和敏捷性，如果供应商想与制造商保持长久的合作关系，就得具有品种柔性，为制造商提供其所需要的各种原材料，从而提高制造商的品种柔性，最终提高整条供应链的柔性。因此品种柔性也是企业选择供应商时需要考虑的因素。

### 4. 研究与发展能力

供应链中有一个核心企业，其要求与之合作的企业都具有很强的研究与发展能力，供应商也不例外。所以，企业选择供应商时需要考虑其研究与发展能力。

### (二) 与交易有关的因素

### 1. 交货及时性

企业对供应商的基本要求是其在合适的时间、合适的地点、交付符合质量要求的产品。现今随着准时制生产方式的运用，使企业对供应商的交货及时性提出了更高的要求，特别是在供应链环境下。

### 2. 业务规模

供应商提供商品的业务规模也是影响企业选择供应商的因素之一。如果供应商提供商品的业务规模较大，企业就会越想与之合作，从而进一步提高紧密联系的程度，以降低企业自身商品需求的波动性。

### 3. 其他因素

除了以上因素外，企业在选择供应商时还需要考虑其他因素，如供应商的信誉、员工素质、管理能力等。

## 二、供应商的选择评价模型——平衡计分卡模型

### （一）平衡计分卡模型的内涵

平衡计分卡模型，简称 BSC，源自哈佛大学教授罗伯特·卡普兰与诺朗顿研究院的执行长大卫·诺顿所从事的"未来组织绩效衡量方法"的一种绩效评价体系，是企业衡量绩效的一种有效方式。平衡计分卡模型主要有四个指标：顾客指标、财务指标、内部流程指标、学习与成长指标，如图 9-8 所示。

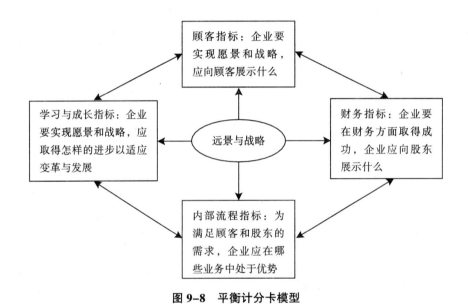

**图 9-8 平衡计分卡模型**

平衡计分卡的这四个指标不仅覆盖企业内部指标和外部指标，还覆盖企业财务指标和非财务指标，并且覆盖短期目标和长期目标。这四个指标通过紧密联系，构建了一个可以考核企业的评价模型。

### （二）平衡计分卡模型的主要内容

1. 顾客指标

顾客指标主要是衡量顾客怎么看待企业的，即企业为顾客提供的服务水平如何。主要的衡量指标包括：市场份额、顾客满意度、顾客流失率、顾客获得率等。

### 2. 财务指标

财务指标主要是衡量股东如何看待企业的,即企业获利性如何? 主要的衡量指标包括:投资收益率、销售利润率、资产负债率、存货周转率等。

### 3. 内部流程指标

内部流程指标主要衡量企业应有的优势是什么,即企业寻找与顾客满意度和股东满意度密切相关的内部流程,并为此建立衡量指标,如产品合格率、设备利用率等。内部流程指标的主要目的是改善企业内部流程,为企业带来顾客满意和股东满意。

### 4. 学习与成长指标

学习与成长指标主要衡量企业能否继续提高和创造价值,即企业为了未来发展必须进行的投资项目,如引进高技术人才、搭建信息系统、创造学习环境等。

### (三) 平衡计分卡模型在供应商选择中的应用

通过以上分析可以发现,平衡计分卡模型可以评价供应链中供应商的各个方面,包括评价供应商的内部状况和外部状况,供应商的财务状况和非财务状况,供应商的短期状况和长期状况。因此,平衡计分卡模型是一个选择供应商的良好工具。

## 三、供应商选择的步骤

供应商选择的步骤包括:综合分析企业所处的内部环境和外部环境;从战略角度建立供应商选择目标和标准;根据企业的实际情况,构建一个有利于供应商选择的组织结构;采集与供应商相关的信息与数据;进行供应商数据分析,确定供应商选择模型;通过模型分析,选择与企业要求相符的供应商;与供应商建立供应链合作关系。

【拓展阅读】

### 供应链系统中供应商关系的维持

（1）与供应商建立良好的信息共享平台，满足企业决策要求，并降低成本。

（2）建立供应商的激励机制，与供应商保持良好的协作关系，促进双方共赢。

（3）共同提高顾客服务水平，以提高整条供应链的竞争力。

（4）组建战略联盟，虚拟经营，从而关注核心业务，加强核心竞争力的建设。

## 【案例 9-3】

## 平衡计分卡模型的应用

某家电生产公司利用平衡计分卡模型对其供应商进行评估与选择。在引入平衡计分卡之前，该公司对自身进行了明确的战略定位，并树立了其战略目标，力求在五年内成为国内最大的白色家电生产基地，并以产量与质量推动利润。

在明确了战略目标后，该公司根据企业的战略定位，利用平衡计分卡对其供应商进行了评估，平衡计分卡的评估细则如表9-3所示。

表9-3　平衡计分卡的评估细则

| 顾客指标 | | |
|---|---|---|
| 战略目标 | 评估指标 | 行动方案 |
| 建立与客户的伙伴关系 | 经销商投诉次数<br>顾客满意度指数 | 顾客与经销商之间的伙伴关系<br>ISO9000 系列标准的应用 |
| 供货及时性 | 断货规格数<br>按时交货（由客户评定） | |

| 财务指标 | | |
|---|---|---|
| 战略目标 | 评估指标 | 行动方案 |
| 完成生产任务 | 年产值 | ISO9000 系列标准的应用 |
| 保持稳定的利润增长 | 产品订单生产达成率<br>利润率<br>生产成本<br>管理费用 | 资金预算管理<br>5S 管理 |
| 内部流程指标 | | |
| 战略目标 | 评估指标 | 行动方案 |
| 技术创新 | 技术创新效益额 | JIT 管理 |
| 提升生产质量管理 | 原材料供应一次性合格率<br>产品一次性合格率<br>质量成本 | 应用 ISO9000 质量管理活动<br>团队责任 |
| 安全/损失控制 | 人身/设备安全事故次数 | |
| | 设备投产率、完好率 | |
| 学习与成长指标 | | |
| 战略目标 | 评估指标 | 行动方案 |
| 提升人力资源能力 | 核心人员保留率<br>紧缺人才指标引进完成率 | 人才梯队建设 |
| 构建信息沟通平台 | 建立信息管理系统<br>员工建议数 | ISO9000 系列标准的应用 |

资料来源：http://www.labournet.com.cn/caselib/jxkh38.asp.

# 第五节　物流管理

物流领域是经济增长的"黑暗大陆"。

——彼得·德鲁克

## 一、物流管理的概念

物流是指为满足顾客需求或其他目标，商品从供应地到生产地或消费地的实体流动过程，其主要包括运输、配送、包装、保管、流通加工、信息处理等活动。

物流管理是指对商品从供应地到生产地或消费地的实体流动过程执行计划、组织、控制等职能，以满足顾客的需求和企业低物流成本的要求。

## 二、物流管理的目标

物流管理是企业经营的重要步骤，其根本目的是以最低的成本向客户提供最满意的物流服务，从而提升客户的满意度，如图 9-9 所示。

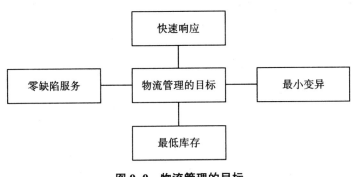

**图 9-9 物流管理的目标**

### （一）快速响应

物流管理要对用户的需求作出快速的响应，即在正确的时间、正确的地点用正确的商品来响应消费者需求。物流管理的快速响应有利于提高物流管理的效率，降低成本。

### （二）最小变异

变异是指破坏物流系统运行的任何想象不到的事件。最小变异则是要把这些意想不到的事件减少到最低。变异的大小直接关系到企业内部物流作业和外部物流作业的顺利完成。

### （三）最低库存

有时库存是保证供应的前提，但是过多的库存则占用企业资金，同时产生大量的库存成本。在物流管理中，为了降低成本，企业应尽量在保证供应的前提下降低库存。

**（四）零缺陷服务**

物流管理的最重要目标就是零缺陷服务。零缺陷服务就是保证服务能够达到最好的状态。零缺陷服务能够带给客户最好的享受，增加了客户对企业的忠诚。

## 三、物流管理与供应链管理的区别

供应链管理的思想源于物流管理的研究，但两者是不相同的。供应链管理是指对供应链上物流、资金流、信息流的控制，因此物流管理只是供应链管理的一部分。总体来说，物流管理与供应链管理的区别主要表现为以下三点：

（1）物流管理只涉及商品在企业之间的实体流动，如运输、配送、包装、保管、流通、信息处理等非制造领域的活动，而供应链管理不仅涉及物流领域的活动，还涉及生产制造领域的活动，如产品设计、产品生产等。

（2）物流管理过程不具有增值功能，而供应链管理过程具有增值功能。

（3）物流管理只是衔接管理活动，而供应链管理是价值流活动。

## 四、物流管理的特征

**（一）传统物流管理的特征**

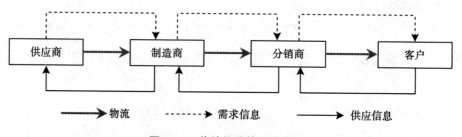

图 9-10　传统物流管理的特征

由图 9-10 可以看出，传统物流管理具有的特征有：商品在纵向一体化的物流链内流动，不能够越级流动；在传统物流链内资源不能重复利用，资源利用率较低；在传统物流链内各个环节的企业经常变动，具有不稳定的供需关系，缺少协作；在传统物流链内企业信息不能共享，无法做出准确、及时的需求预测。

## （二）供应链环境下的物流管理的特征

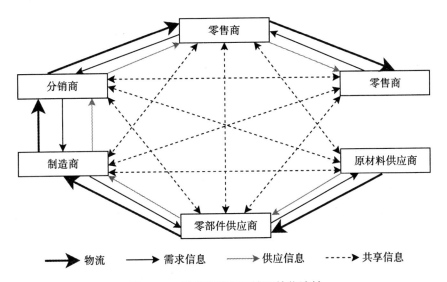

**图 9-11 供应链管理环境下的物流链**

由图 9-11 可以看出，供应链管理环境下的物流链呈现网状结构，每个节点企业都可以掌握整个供应链的需求信息、供应信息，并且能够及时做出调整，适应市场变化，从而避免了信息失真带来的损失。概括起来，供应链环境下的物流管理具有的特征有：供应链上所有节点企业共享物流信息；供应链上所有节点企业都能够快速响应物流信息；供应链上所有节点企业都能实现物流过程同步；供应链管理强调合作—互利，实现共赢的局面，同样地，供应链管理环境下的物流管理也具有合作—互利的关系；供应链上各个节点企业相互合作，促进物流管理过程中交货的准时性；供应链通过提供个性化的物流服务，从而提高客户满意度，增强企业竞争力。

## 【案例 9-4】

## 某公司物流管理的应用

某一汽车生产公司对其物流管理成功地进行了改良。首先该企业将准时生产体制与销售网络相结合，建立了全球供应链需求信息网络。销售订单信息能够直接通过网络送达生产线，从而使交货时间减少了 15 天以上，并且有效地减少了库存积压，降低了存货成本。全球供应链需求信息网络的建立，加快了产品的流通速度，提高了物流效率，降低了物流成本，为企业带来了巨大的经济效益。

另外，该公司注重对全体经销商的教育培训，根据客户的反馈信息，指导经销商改善其经营活动，从而提高经销商的销售效率与销售水平，为企业树立良好的形象。

资料来源：http://info.china.alibaba.com/news/detail/v0-d1025146005.html.

## 本章小结

供应链管理是现代企业管理必不可少的组成部分，它是企业"横向一体化"的结果。供应链是一个具有价值的网链结构。具有复杂性、动态性、集成性、交叉性、群体性等特征。供应链管理是一种对供应链中的供应商、制造商、分销商、零售商和最终客户之间的产品流、物流、资金流、信息流、价值流进行集成、计划、组织和控制的管理方法。供应链的常见模型有链状模型 I、链状模型 II 以及网状模型，因而进行供应链设计时，可以参考这些常见模型。整条供应链上，供应商的评估与选择直接影响整条供应链的价值。而作为我们所熟知的物流管理，我们必须更深刻地理解它与供应链之间的区别，这样才能更好地实施供应链的管理。

# 第十章　企业资源计划

## 海天的 ERP 进程

　　海天是中国最大的专业调味品生产企业。2008 年，海天与 IBM 咨询公司进行合作，致力于 ERP 信息系统的构建。

　　海天实施 ERP 进程的主要目的是优化财务、生产和工程项目管理这三个模块，实现多模块的信息化管理。ERP 信息系统通过对海天的全部流程进行优化，实现了生产管理数字化、订单执行信息化、数据共享集成化，促进了企业运作模式的革新。通过 ERP 信息系统的建设，企业的管理流程变得更加规范，并在很大程度上减少了人为主观因素对企业管理的影响。例如，海天通过 ERP 信息系统将产品及物料的各方面信息转化成图谱，并将大量的图谱保存在系统的数据库中。当海天进行产品检测时，就可在数据库中调出图谱，并将检测结果与标准的图谱作比对，从而提高了样品的检测效率及准确性。

　　为了在不增加生产成本与运输成本的前提下，以最快的速度将产品销售出去，海天借助 ERP 信息系统，建立了一套独特的"销售订单分单系统"。经销商及客户直接在系统里进行下单，系统则立即自动完成分类汇总、库存分析、生产采购计划制订、产品发运计划优化等一系列工作，从而保证了及时的供货，提高了企业的运作效率，降低了库存水平，从整体上提高了海天的管理水平。

　　ERP 信息系统的建设，极大地增强了海天的国际竞争力，并为其带来了巨大的利益。

资料来源：http://www.vsharing.com/k/ERP/2011-9/A649852.html.

【案例启示】ERP 即企业资源计划，其能大幅度地提高企业的信息化水平，加速实现企业内部采购、仓储、生产、销售与企业外部消费者之间的无缝对接，从而提高了企业生产对市场需求的反应效率，并更快更好地服务市场，进而抢占企业竞争优势，赢取市场先机，实现信息系统价值的真正回归。

**本章您将了解到：**
- 物料需求计划的概述、结构以及基本的输入与输出
- 制造资源计划的内涵、逻辑流程以及特点
- 企业资源计划的内涵、主要特点以及其与制造资源计划的区别

# 第一节　物料需求计划

ERP 是由 MRP 发展而来的。MRP 的实质是将正确的物料在正确的时间放置到正确的地点。

——佚名

物料需求计划 MRP（Material Requirements Planning）被设计用于制造业库存管理信息处理系统。MRP 是 ERP 的前身，只有对 MRP 有一个全面深刻的认识，才能真正地了解和掌握 ERP。

# 一、物料需求计划的概述

## （一）物料需求计划的内涵

物料需求计划是指利用主生产计划、物料清单文件以及库存记录文件的数据来计算物料需求的技术。这里的"物料"泛指生产过程中的原材料、零部件、在制品、外购件以及产成品。第六章曾提及物料需求计划以及主生产计划的部分内容，而在本节我们将对物料需求计划进行重点探讨。

## （二）物料需求计划的基本原理和目的

物料需求计划的实质是企业在合适的时间把物料运送到合适的地点。物料需求计划的基本原理是：根据主生产计划计算相关物料的需求量和需求时间；通过计算得出物料需求时间和生产订货周期，从而确定生产订货时间。

例如，某空调生产企业根据主生产计划计算出其某一零部件的需求量为1000件，需求时间为第五周，订货周期为一周，那么该企业最迟要在第四周预定1000件该零部件。

## （三）物料需求计划的作用

物料需求计划适用于工艺专业化的工作环境，对装配型企业产生巨大的应用价值。物料需求计划的作用主要有以下几个方面（见图10-1）：

（1）能够使企业明确各种物料的需求。

（2）根据给定的总进度计划，精确地估算企业的生产能力。

（3）能够有效地降低企业的库存水平。

（4）能够提高企业对市场的反应速度，从而使企业更灵活地应对市场的各种不确定因素。

（5）能够不断改进企业的服务质量，从而提升顾客的满意度。

## 二、物料需求计划系统的结构

MRP 系统包括 MRP 的输入和输出，如图 10-1 所示。MRP 的输入主要有三个部分：主生产计划、物料清单文件和库存记录文件；MRP 的输出主要是初级生产报告和中级生产报告。

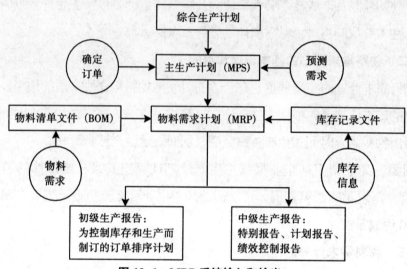

**图 10-1　MRP 系统输入和输出**

MRP 系统运行如下：使用产品订单生成主生产计划，该计划阐明在特定时期内将要生产的产品数量。物料清单文件确定生产每一种产品所需的具体原材料及其数量。库存记录文件包含现有及已订购的产品数量等数据。

## 三、物料需求计划的基本输入与输出

### （一）物料需求计划的基本输入

物料需求计划的基本输入主要有三个部分：主生产计划、物料清单文件和库存记录文件。

### 1. 主生产计划

主生产计划是指企业在一定时间段内生产最终产品的计划，它是物料需求计划的核心。主生产计划是说明每一个最终产品的生产计划，它反映出企业打算生产什么，什么时候生产以及生产多少，并据此推算出企业所需的相关物料。简单地说，主生产计划是告诉企业将要生产什么的计划，它对企业的生产起着从宏观到微观过渡的作用。

### 2. 物料清单文件

物料清单文件，也称产品结构文件或产品结构树形图，它说明了最终产品由哪些零部件、原材料构成，以及在时间和数量上阐明了这些零部件、原材料之间的相互关系。如最终产品 A 由三个零部件 B、C、D 组成，而 B 又由 a 和 b 组成，D 又由 c 和 d 组成，则产品 A 的产品结构树形图如图 10-2 所示。物料清单文件以时间作为维度来反映最终产品的结构组成，这样能够使企业以产品的完工时间推算出其各个所需零部件的订购时间及最晚开工时间。

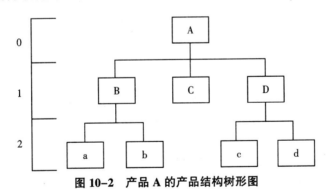

**图 10-2　产品 A 的产品结构树形图**

### 3. 库存记录文件

库存记录文件根据时间、空间来存储各项库存的状态信息，包括预期收获量、总需求量、期望持有量以及各种库存信息的其他细节。库存记录文件主要告诉计划人员现在的库存中有哪些物料，物料的数量是多少，准备再进多少，从而在制订新采购计划时能够根据实际库存情况，相应地更改物料的需求数量。

综上所述，MRP 主要回答了以下四个问题：

（1）根据主生产计划，确定企业要生产什么产品。

（2）根据物料清单文件，确定生产过程中需要用到哪些物料。

（3）根据库存记录文件，明确库存中已经有哪些物料可供使用。

（4）根据 MRP 信息系统运算后得出的结果，明确目前还缺什么物料，应何时订购或生产。

**（二）物料需求计划的基本输出**

物料需求计划能够向人们输出很多信息，这些信息主要可以归纳为两类：初级生产报告和中级生产报告。

**1. 初级生产报告**

初级生产报告用于管理库存和生产计划。初级生产报告的主要内容是生产和库存的计划、排序与控制。初级生产计划具体包括以下内容：

（1）计划订单：制订企业订单的计划数量，规定了订单的发出时间以及相应地调整预期入库量和出库时间。

（2）下达与执行订单：在生产运作部门下达计划订单，并且授权相关人员执行计划订单。

（3）更改订单：更改预计日期、订货数量以及取消订单。

**2. 中级生产报告**

中级生产报告的主要内容是：特别报告、计划报告和绩效控制报告。

（1）特别报告：向员工指出生产中所存在的严重偏差，从而引起员工对生产运作中重大异常情况的关注，如报告失误、到货延迟、废品率过高等。

（2）计划报告：用于预测未来某一段时间库存的需求。计划报告通常包括采购合同以及其他未来用于评价物料需求的信息。

（3）绩效控制报告：用于评价 MRP 系统运行情况，有利于管理者衡量实际运行情况与计划的偏差，而且绩效控制报告还提供了关于成本绩效评定的信息。

## 四、物料需求计划系统的更新

物料需求计划是一份动态文件，随着时间流逝，有的订单已经完成，有的订单还未完成，而新的订单又要立即进入，并且原有订单也可能发生变化，如原材料的无意损坏、延迟到货等情况时有发生。因此，物料需求计划随时间而变化，是一份活文件。

在以上情况下，物料需求计划的更新方式有两种：全重排式和净改变式。

### （一）全重排式

全重排式主要是一种定期更新物料需求计划系统的方式。全重排式中的计划更新是由主生产计划的变化引起的。全重排式具有较高的数据处理效率。全重排式的数据更新周期最少为一周，从而使物料需求数据的反应具有一定的滞后性，不能随时反映系统的变化情况。

### （二）净改变式

净改变式是一种对物料需求计划系统进行持续更新的方式。净改变式中的计划更新则是由库存事务处理引起的。净改变式能够及时地向系统反映物料需求数据，但其数据处理的效率并不高。

## 【案例 10-1】
### 某企业物料需求计划的应用

某电灯生产企业甲公司需制订 2012 年度第二季度产品 A、部件 B、部件 D 及零件 C 的物料需求计划。已知产品 A 由 2 个单位的部件 B 和 1 个单位的部件 D 组成；部件 B 又由 2 个单位的部件 D 和 1 个单位的零件 C 组成。

（1）预测 2012 年度第二季度产品 A、部件 B 及部件 D 的需求。设需求预测结果如表 10-1 所示：

**表 10-1　产品 A、部件 B 及部件 D 的需求预测**

单位：件

| 月份 | 产品 A | | 部件 B | | 部件 D | |
|---|---|---|---|---|---|---|
| | 已知需求 | 随机需求 | 已知需求 | 随机需求 | 已知需求 | 随机需求 |
| 4 | 1000 | 200 | 450 | 50 | 200 | 200 |
| 5 | 700 | 200 | 350 | 50 | 400 | 200 |
| 6 | 650 | 200 | 250 | 50 | 200 | 200 |

（2）制订主生产计划。假定每月的需求在该月的第一周一次发生，并据此安排出产进度，表10-2给出了4、5两个月的出产进度安排。

**表10-2 满足预测需求的主生产计划**

单位：件

| 月份 | 4 | | | | 5 | | | |
|---|---|---|---|---|---|---|---|---|
| 周 | 13 | 14 | 15 | 16 | 17 | 18 | 19 | 20 |
| 产品A | 1200 | | | | 900 | | | |
| 部件B | 500 | | | | 400 | | | |
| 部件D | 400 | | | | 600 | | | |

（3）确定产品的结构文件（见图10-3）。

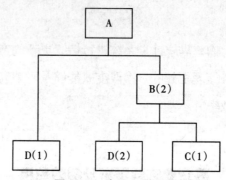

**图10-3 产品A的结构**

（4）确定库存记录文件。库存记录给出产品A及其部件、零件的库存状况及交货期，如表10-3所示。

**表10-3 库存记录文件**

| | 库存（件） | 交货期（周） |
|---|---|---|
| 产品A | 50 | 1 |
| 部件B | 100 | 1 |
| 部件D | 150 | 2 |
| 零件C | 200 | 2 |

（5）进行物料需求计划计算，得到表10-4。

**表10-4　产品A及部件B、D和零件C的物料需求计划**

单位：件

| | | 周 | | | | |
|---|---|---|---|---|---|---|
| | | 9 | 10 | 11 | 12 | 13 |
| A | 总需求量 | | | | | 1200 |
| | 现有库存 | | | | | 50 |
| | 净需求 | | | | | 1150 |
| | 计划收货量 | | | | | 1150 |
| | 计划到货量 | | | | 1150 | |
| B | 总需求量 | | | | 2300 | 500 |
| | 现有库存 | | | | 100 | 0 |
| | 净需求 | | | | 2200 | 500 |
| | 计划收货量 | | | | 2200 | 500 |
| | 计划到货量 | | | 2200 | 500 | |
| C | 总需求量 | | | 2200 | 500 | |
| | 现有库存 | | | 200 | 0 | |
| | 净需求 | | | 2000 | 500 | |
| | 计划收货量 | | | 2000 | 500 | |
| | 计划到货量 | 2000 | 500 | | | |
| D | 总需求量 | | | 4400 | 2150 | 400 |
| | 现有库存 | | | 150 | 0 | 0 |
| | 净需求 | | | 4250 | 2150 | 400 |
| | 计划收货量 | | | 4250 | 2150 | 400 |
| | 计划到货量 | 4250 | 2150 | 400 | | |

其中，总需求是指对产品或部件的全部需求量；净需求为总需求减去库存；计划收货量是指按照MRP规定到期应接受或交付的产品、部件或零件数量；计划到货量是指按照MRP规定应发出订货或生产指令时的订货数量或生产数量。

## 五、闭环物料需求计划

物料需求计划将最终出厂产品计划转变为原材料、零部件的作业计划和采购计划。但是企业只是确定了物料的需求量和需求时间是远远不够的，如果企业不具备相应的生产能力，物料需求计划就无法得到实现。这就是从物料需求计划发展为闭环物料需求计划的原因。

闭环物流需求计划是在传统的物料需求计划的基础上，加入资源计划和保证、生产安排、执行监控和反馈功能，从而形成一个闭环回路，如图 10-4 所示。

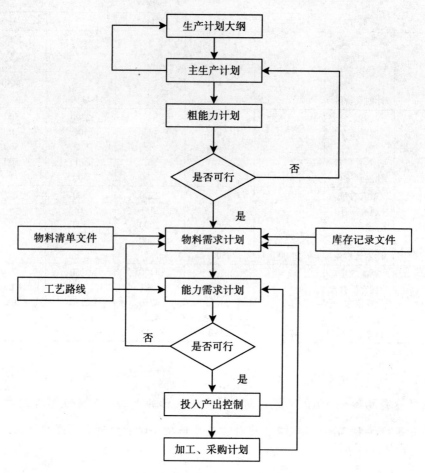

**图 10-4 闭环物料需求计划流程**

一方面，闭环物料需求计划不仅考虑了物料需求计划，还考虑了与其相对应的能力需求计划、车间作业计划和采购计划；另一方面，闭环物料需求计划具有从自身输出的反馈信息，它是一个以物料需求计划为核心，并包含生产规划、主生产计划和能力需求计划的系统。一旦计划被确认是合理的，则开始运行，包括投入产出能力的度量、详细的计划和调度、预测供应商和厂商延期交货的报告、供应商计划等生产控制功能，同时提供反馈信息，使计划具有可行性。

# 第二节　制造资源计划

MRPⅡ是闭环 MRP 的进一步扩展。MRPⅡ实现了企业的物流、信息流、资金流的统一。

——佚名

## 一、制造资源计划的内涵

闭环物料需求计划统一了企业各方面的生产活动，实现了物流和信息流的集成，为企业解决了生产计划和控制的问题。然而，单单解决生产计划和控制的问题是不够的，在闭环物料需求计划系统中，生产部门与财务部门相对分离，难以相互协调统一，并且容易产生信息不对称的问题，使生产数据与财务数据重复录入或产生差异，从而降低了生产运作的效率。为了解决这一难题，企业需要对物流、信息流和资金流进行集成，以促进生产部门和财务部门的协调合作，从而消除数据冗余及冲突的问题，提高生产运作的效率。

制造资源计划是在闭环物料需求计划的基础上发展而来的，是一个通过对生产管理、财务管理、技术管理、销售管理等职能进行有机结合，从而集成物流、信息流、资金流，并实现生产计划与经营计划相统一的系统。制造资源计划通常简称为 MRPⅡ。

## 二、制造资源计划的逻辑流程

制造资源计划主要分为五个层次：经营计划、生产计划大纲、主生产计划、物料需求计划、作业计划。

### （一）经营计划

经营计划是制造资源计划的最高层，能够统筹全局，并对企业的经营目标及经营方向作出长远规划。如企业选择什么市场，企业生产什么产品以及资源供给方式等。

### （二）生产计划大纲

生产计划大纲是对经营计划的细化，也是经营计划的输出，又是主生产计划的输入，进一步解决企业产品生产数量需求和所需资源有限的矛盾。

### （三）主生产计划

主生产计划是企业在一定时间段内生产最终产品的计划。这里最终产品指的是企业最终出厂的产品，一定时间段指的是每周或者每月、每日。主生产计划主要规定了企业生产什么产品、生产多少产品、在什么时间生产，并在该层次上对主生产计划所需资源进行粗能力平衡。

### （四）物料需求计划

物料需求计划是对主生产计划的进一步细化，根据主生产计划、物料清单文件以及库存记录文件的数据计算所需物料的需求计划，并在该层对工作中心进行能力需求平衡。

### （五）作业计划

作业计划是指执行物料需求计划所下达的命令，包括采购作业计划和车间作业计划。该层次需要把执行结果进行反馈，并对前几个层次进行调整和修正。

制造资源计划的逻辑流程如图 10-5 所示。

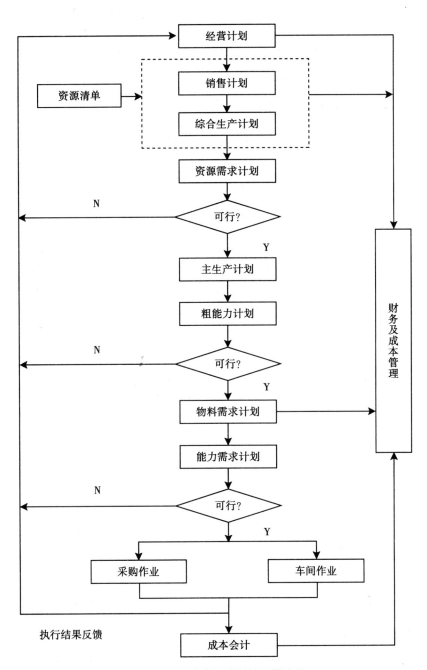

**图 10-5 制造资源计划的逻辑流程**

### 三、制造资源计划的特点

制造资源计划远远超越了物料需求计划，并覆盖了企业的全部资源，如物流、信息流、资金流，它具有以下特点（见图10-6）。

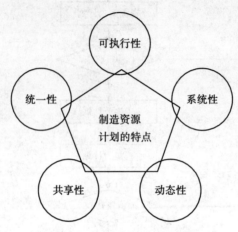

**图 10-6　制造资源计划的特点**

**（一）可执行性**

制造资源计划保持了生产计划与经营计划的一致性，始终坚持一个计划。制造资源计划是一个逐步细化与分解的过程，其在分解过程中进行资源与能力需求平衡，并依据反馈消息进行修正，坚持计划的可执行性。

**（二）系统性**

制造资源计划整合了企业的物流、信息流、资金流，把企业的销售部门、生产部门、财务部门等各个部门有机集成起来，形成了一个系统整体。

**（三）动态性**

制造资源计划系统是一个闭环系统，它可以根据企业内外部环境的变化做出动态调整，保证生产计划的顺利执行。

**（四）共享性**

制造资源计划系统是一个管理信息系统，销售部门、生产部门、财务部门等各个部门共同使用一个信息数据库，这个信息数据库可以反映出每个部门的变化，从而做到部门间的数据共享。

### （五）统一性

制造资源计划系统包括了财务与成本管理功能，利用货币形式表明"物料需求计划"能给企业带来的收益，统一了物流和资金流。

## 【案例10-2】
## 某企业制造资源计划的应用

某企业是一家专业化生产家电的企业，其生产规模较大，产品品种繁多，所需原材料多达上万种。该企业一开始采用传统的方式手工编制生产计划，这种方式很难应对当前市场的变化，并容易造成产品积压的情况。为解决这一难题，该企业采用制造资源计划改进生产，并获得了一定的成效。该企业的制造资源计划包括以下几个子系统：

1. 供应链管理子系统

该企业通过实施制造资源计划系统，进一步改进其供应链管理。该企业通过供应链管理子系统，利用分销清单和来源准则来优化整个生产流程，使生产和采购快速响应市场的需求，解决了交货不及时、盲目采购、库存积压等问题，提高了企业的生产率。

2. 物料管理子系统

该企业通过物料管理子系统，能够根据实际情况，自行定义仓库的结构，并进行相应的控制。同时，在这个子系统里，企业可按物料号、批次号、系列号和版本号来对物料进行科学管理，从而解决了物料短缺、管理烦琐、原材料采购随意、物料不配套等问题。

3. 销售订单管理子系统

制造资源计划系统的销售订单管理子系统能为每个销售渠道建立相应的服务策略。通过这个销售订单管理子系统，该企业能够快捷地查询存货信息，从而确保了复杂订单的可行性和准确性，保证了企业销售活动的正常运行。

如今，该企业利用制造资源计划，实现了物流、信息流、资金流的统一管理，从而提高了生产效率，并获得了巨大的收益。

资料来源：http://www.cioage.com/art/200710/56643.htm.

# 第三节  企业资源计划

ERP要想成功，"一把手"至关重要。"一把手"强调了企业高层领导的责任与作用，ERP的运行必须要得到企业高层领导的支持。

——李卫忠

在当今经济全球化和信息全球化的时代里，没有一个企业能够独立生存，企业的发展离不开上游的供应商和下游的客户等合作伙伴的支持，同时企业的供需关系已经扩大到全世界范围，所以仅在企业内部运行的信息管理系统已经不再适应当今激烈的竞争形势。企业应该把信息管理系统的范围扩大到企业的上下游，即管理供应链上的所有供应商和客户的信息，实现供应链上物流、信息流、资金流、价值流和业务流的有机集成。因此，在物料需求计划和制造资源计划的基础上，企业资源计划应运而生，它所要解决的问题就是集成供应链的信息，并管理供应链。

## 一、企业资源计划的内涵

企业资源计划（Enterprise Resource Planning, ERP）是由 MRP Ⅱ 发展而来，并在 MRP Ⅱ 的基础上，添加了资产管理、分销管理、设备管理、人力资源管理、绩效管理、工资管理、质量管理等功能。

企业资源计划的基本思想是以市场及客户需求为中心，以网络技术及信息技术为平台，从而对企业内部各个部门的资源进行优化配置，实现对供应链资源的整合和管理，实现物流、信息流、资金流、价值流、业务流的有机集成，并对市场、客户、销售、采购、计划、财务、生产、质量、服务等各个环节进行有效的控制和管理。

【拓展阅读】

　　联想公司的董事长柳传志曾说："不上 ERP 是等死，上 ERP 是找死。"对中国企业来说，ERP 实施不成功的原因有很多，但如果还不醒悟或被一时的得失所吓退，未来只能是等死。等死只能是一落千丈，然而找死还有可能置之死地而后生。

资料来源：http://blog.donews.com/laobai/archive/2008/04/03/1272465.aspx.

## 二、企业资源计划的发展过程

　　企业资源计划的形成主要经历了 4 个阶段，即物料需求计划阶段、闭环物料需求计划阶段、制造资源计划阶段以及最后的企业资源计划阶段。而物料需求计划则是企业资源计划的核心，如图 10-7 所示。

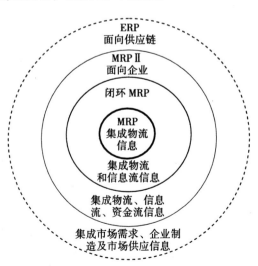

**图 10-7　企业资源计划的发展过程**

企业资源计划在物料需求计划和制造资源计划的基础上发展而来，它具有更强大的功能，更能够适应生产运作的需求变化，更符合实际的生产情况。企业资源计划主要的对象是供应链，主要的任务是管理供应链，因此它不仅适用于制造业，而且适用于其他行业。

### 三、企业资源计划的主要特点

#### （一）集成性

企业资源计划把生产系统、销售系统、财务系统、人力资源系统等集成起来。这种系统集成需要企业资源计划系统中的各个子系统模块之间具有标准化的接口。

#### （二）配置性

企业资源计划具有可配置的模块化组件，可以根据企业内外部环境变化做出相应调整。如企业可以根据总公司与子公司之间的财务关系是否独立核算等情况来对企业资源计划进行配置，这种配置不会影响企业资源计划的稳定性。

#### （三）重构性

企业资源计划关注于业务流程，因此企业资源计划可以分解为业务流程中的具体活动。这样业务流程随着企业内外部环境的变化而变化，企业资源计划则需要根据业务流程的变化而进行相应的重构。

#### （四）扩展性

企业资源计划不是静态模型，随着信息技术与企业管理思想的发展，企业资源计划需要进行相应的演变和扩展。

### 四、ERP 与 MRP Ⅱ 的区别

ERP 与 MRP Ⅱ 的区别如图 10-8 所示。

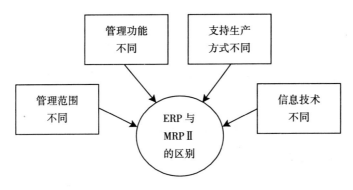

图10-8 ERP 与 MRPII 的区别

企业资源计划与制造资源计划的区别主要表现在管理范围、管理功能、支持生产方式以及信息技术这四方面上，其具体的区别如表10-5所示。

表10-5 企业资源计划与制造资源计划的区别

|  | 管理范围不同 | 管理功能不同 | 支持生产方式不同 | 信息技术不同 |
| --- | --- | --- | --- | --- |
| 企业资源计划 | 对供应链上所有的资源进行管理 | 对整条供应链上的生产、供应、销售等职能进行控制 | 能够广泛适用于不同类型的行业，包括制造业和服务业 | 采用先进的信息技术，如电子数据交换、面向对象技术、多数据库集成等 |
| 制造资源计划 | 只对企业内部运作与内部资源进行管理 | 只对企业内部生产管理与财务管理这两个职能进行控制 | 只适用于一部分制造业 | 所采用的信息技术较为落后 |

## 【案例10-3】

## 太仓港环保发电有限公司 ERP 的应用

2005年，太仓港环保发电有限公司与北京国电数源信息技术有限公司进行合作，着手推进 ERP 项目的建设。太仓港环保发电公司 ERP 项目从2005年9月开始实施，并于2006年9月完成所有模块的建设与应用。太仓港环保发电有限公司的 ERP 信息平台主要包括以下内容：

（1）业务设置模块：通过业务设置模块为企业建立整体业务模型，并对各业务设置标准流程，落实了咨询工作成果。

（2）财务模块：财务模块包括日常账户处理、往来管理、报表管理等。业务在系统设定的审批流程结束后，直接进入核算环节，实现了业务财务一体化。

（3）预算管理模块：预算管理模块设置了成本利润预算、资产负债预算、采购预算等预算项目，从而使企业通过预算的编制、执行，全面协调企业的生产经营活动。

（4）人力资源管理模块：人力资源管理模块主要实现的功能包括系统维护、人事管理、招聘管理、薪酬管理等。

太仓港环保发电有限公司 ERP 项目的实施，为其发展搭建了先进的信息平台，使企业的发展迈向了一个新台阶。

资料来源：太仓港环保发电有限公司 ERP 应用案例 [J]. Electric Power Information Technology，2006(9).

## 本章小结

在经济全球化和信息全球化的形势下，企业要获得竞争优势，就必须建立一个能够快速反映顾客需求的全球市场导向系统，这个系统就是企业资源计划。企业资源计划是企业实现信息化的标志。

物料需求计划是企业资源计划的核心。物料需求计划的输入主要有三个部分：主生产计划、物料清单文件和库存记录文件；物料需求计划的输出主要是关于物料采购和物料作业的计划。在物料需求计划的基础上，进而发展为闭环物料需求计划。制造资源计划在闭环物料需求计划的基础上进一步发展而来，它通过将物流、信息流、资金流统一起来，利用货币形式表明"物料计划"能给企业带来什么收益，使企业的经营计划与生产计划保持一致。企业资源计划是制造资源计划的拓展应用和深入开发。企业资源计划所要解决的问题就是集成供应链信息以及管理供应链。

# 第十一章　质量管理

## 上海日立的质量管理

　　长期以来，上海日立电器有限公司对质量管理的专注赢得了顾客的信赖。上海日立注重全员参与质量管理，并坚持奉行"3N、4M、5S"的质量管理模式，从而不断推动企业质量管理的发展。

　　"3N"是指遵循"不接受（No accepting）不合格产品、不制造（No manufacturing）不合格产品、不移交（No transferring）不合格产品"的原则。通过执行"3N"原则，日立极大地降低了产品的缺陷率，使整个生产过程得到了有效的控制，并树立了员工注重质量的正确观念，从而使企业的生产运行走向良性循环。

　　"4M"是指在企业管理中，对"人（Man）、机器（Machine）、材料（Material）、方法（Method）"4种质量管理要素的科学运用，即通过运用科学的方法，激发人的工作积极性与竞争意识，保持机器的开工率，并使材料以合理的比例进行投入与产出。日立的"4M"质量管理模式体现了员工的能动性对企业发挥的作用。

　　"5S"是指进行文明生产的5个管理手段，即"整理、整顿、清扫、清洁、素养"。坚持实行"5S"管理，能够不断提高产品质量，提升员工总体素质，从而使企业得以长足发展。

　　上海日立认为，产品的质量是企业的生存之本，只有将质量意识注入到每位员工的血液里，使企业全体人员坚持不懈推行质量管理，企业才能够不断发展壮大，取得成功。

资料来源：http://www.bisenet.com/article/200502/9746.htm.

**【案例启示】**企业要生存发展就必须要有良好的运营管理，要关注顾客，更要关注产品质量以及流程与服务质量，只有这样才能提高顾客的满意度和忠诚度，才能增强企业的竞争优势。也就是说，质量管理正成为现代企业管理的核心动力，也是企业增强竞争优势的强有力武器。

---

**本章您将了解到：**

● 质量的内涵以及质量管理的概念

● 质量管理体系的涵义

● 全面质量管理的概念、核心理念、特点以及基本工具

● 质量管理中的几种常用的统计方法

● 六西格玛管理的内涵以及流程的改善方法

---

# 第一节　质量管理概述

在今日的竞争环境中，忽视质量问题的企业无异于自杀。

——约翰·扬

## 一、质量的内涵

从顾客的角度出发，质量就是适用性，即产品或服务满足顾客需求的程度。可以从以下几个方面来理解质量的概念：

## （一）性能

性能主要取决于产品的技术水平，如电脑的运转速度，空调的节能程度。

## （二）可靠性

可靠性主要是指产品能够正常工作的概率，如手表无故障工作的概率等。

## （三）耐久性

耐久性主要是指产品正常工作的时间，如电动车正常工作的时间是多少，是否达到标准。

## （四）一致性

一致性主要是指产品是否与说明书保持一致，如食物中色素添加剂的含量是否超标等。

## （五）维护性

维护性主要是指产品是否容易修理或保养，如汽车出现毛病后是否可以尽快地得到维修；汽车需要维修或保养时，是否可以很快地得到售后服务。

## （六）附加功能

附加功能主要是指企业为增加产品吸引力，对产品增加的一些功能，尤其是增加方便顾客使用产品的功能，如能够采用手机的耳机接听电话功能等。

## （七）美感性

美感性主要是指产品外观设计是否具有欣赏性或艺术性，如甲壳虫汽车的外观设计得到汽车爱好者的推崇，被视为经典中的经典。

## （八）感觉性

感觉性主要是指顾客使用产品时能够联想到什么，如当人们喝农夫山泉矿泉水时总会想到那句广告语"农夫山泉有点甜"；如当人们使用苹果产品时总会认为手中的产品是最先进科技潮流的代表。

此外，以上八个方面主要针对有形产品，而对于无形服务，还需注意五个方面：服务价值、服务的响应速度、人性化服务、服务的安全性、服务人员的素质和资格。

## 二、质量管理的概念

根据以上分析可知，质量管理是对产品的质量方面执行计划、组织、控制等职能，以确定质量目标与方针，执行质量计划，进行质量控制的管理活动。

企业在实施质量管理时，首先应确定质量目标与方针，因为这是进行质量管理的方向，其最终目的是满足顾客需求，所以要从顾客的角度而不是企业的角度来思考这个问题；其次提出质量任务，这主要是确定企业质量管理的实施路径；最后对质量活动进行控制和改进，即在高层领导者以及全体员工的参与下使质量管理按照计划路径运行，如有偏离，立即进行纠正和调整。

# 第二节　质量管理体系

质量是维护顾客满意和忠诚的最好保证。

——杰克·韦尔奇

## 一、质量管理体系的涵义

由本章第一节的内容可知，质量管理是对产品的质量方面执行计划、组织、控制等职能，以确定质量目标与方针，执行质量计划，进行质量控制的管理活动。企业在实施质量管理时，为了尽快地落实质量管理的方针政策，高效地实现质量管理的目标，就需要在质量管理思想原理的基础上构建一个质量管理体系，从而利用这个体系建立起统一的质量标准，以加强对质量管理活动的控制。

## 二、ISO9000 系列标准

ISO9000 是被世界普遍接受的质量管理体系标准，ISO9000 是一组标准的统称。在现代企业管理中，质量管理体系最新版本的标准是 2000 版 ISO9000，这是企业普遍采用的质量管理体系。2000 版 ISO9000 标准包括以下五项标准：

（1）ISO9000 质量管理体系基本原则和术语。

（2）ISO9001 质量管理体系要求。

（3）ISO9004 质量管理体系业绩改进指南。

（4）ISO9011 质量和环境审核指南。

（5）ISO9012 质量控制系统。

一般企业采用 2000 版 ISO9000 质量管理体系可以获得内外部好处：

（1）增强质量管理水平，增强客户信心，扩大市场份额，提高企业效益，提升企业形象。

（2）消除国际贸易壁垒，加强国际贸易合作。

（3）节省了第三方审核的精力和费用。

（4）通过质量竞争，获得竞争优势。

（5）与各国在质量管理上达成共识，从而加强国际间的合作与交流。

（6）不断提高企业的管理水平，稳定企业内部的经营运作，减少因员工辞职而造成的技术或质量波动。

## 三、八项质量管理原则

为了实现质量目标，2000 版的 ISO9000 系列国际标准突出体现了质量管理的八大原则，并作为主线贯穿始终。

（1）以顾客为中心实施质量管理。

（2）高层领导者参与质量管理。

（3）全体员工参与质量管理。

（4）以过程方法为主导确定质量管理的职责和权限。

（5）以系统方法进行质量管理的改进工作。

（6）以持续改进作为质量管理的永恒目标。

（7）以事实分析为基础进行质量管理决策。

（8）让供应商参与企业的质量管理。

# 第三节　全面质量管理

*对产品质量来说，不是 100 分就是 0 分。*

*——松下幸之助*

## 一、全面质量管理的概念

全面质量管理（Total Quality Management，TQM），是指在全社会的推动下，企业全体员工以质量为核心，把管理技术和数理统计方法结合起来，建立起产品的研发、生产、服务等全过程的科学、严密、高效的质量保证体系，从而控制影响产品质量的所有因素，并以最经济有效的方式生产出各利益相关者都满意的产品。

## 二、全面质量管理的核心理念

全面质量管理的具体核心理念如图 11-1 所示。

### （一）关注顾客

全面质量管理强调顾客价值。企业通过全面质量活动可以为顾客提供质优价

**图 11-1　全面质量管理的核心理念**

廉的产品，为企业赢得顾客忠诚度。

### （二）持续改进

全面质量管理是企业对顾客的承诺——本企业产品的质量是最好的，在这种理念的引导下，持续改进产品质量，建立竞争优势。

### （三）全过程改进

全面质量管理关注的不仅是产品制造过程，它还包括产品设计、产品运输、产品储藏、产品营销、产品服务等全过程，全面质量管理需要对这个全过程不断地改进，不断地优化，从而使每个过程都符合组织的要求。

### （四）精确测量

全面质量管理把管理技术与数理统计方法结合起来，对与质量相关的工作流程设立标准，再把实际工作结果与标准进行比较，发现两者差异，然后采取措施消除差异，以达到高质量标准。

### （五）员工授权

全面质量管理需要全体员工参与，为了让先发现问题的员工做出决策，就应该向员工授权，提高反映质量的速度。

## 三、全面质量管理的特点

### （一）全过程性

全面质量管理的内容包括产品设计过程、产品制造过程、产品辅助过程、产品使用过程四个过程的质量管理，因此全面质量管理具有全过程性。

**（二）全员性**

企业中每位员工的工作都会影响产品质量，因此需要全体员工参与质量管理，这样才能达到全面质量管理的要求。

**（三）全面性**

全面质量管理涉及与产品质量有关的全部过程，并利用多种方法进行控制，因此全面质量管理具有全面性。

## 四、全面质量管理的基本工具

全面质量管理的有效工具之一是 PDCA 循环（见图 11-2）。

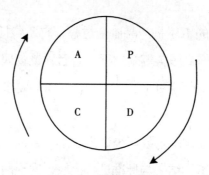

**图 11-2 PDCA 循环**

PDCA 循环是由美国质量管理学家戴明博士提出的，又称为戴明循环。PD-CA 循环的四个英文字母分别代表四个阶段，共八个步骤：

（1）P（Plan）——计划。第一阶段主要是指通过市场调查等方法确定质量目标和方针，制订质量计划。

该阶段又分为四个步骤：第一步骤，分析企业的质量现状，发现质量问题；第二步骤，找出导致质量出现问题的原因；第三步骤，确定影响质量的主要原因；第四步骤，针对质量问题制定措施。

（2）D（Do）——执行。这一阶段主要是指执行第一阶段制订的质量计划。

该阶段就是第五步骤。

（3）C（Check）——检查。这一阶段主要是指检查第二阶段的执行结果，确定是否与第一阶段的质量计划相符。该阶段就是第六步骤。

（4）A（Action）——处理。这一阶段主要是指根据第三阶段的检查结果，对质量活动进行改进，使其达到高质量标准。

该阶段又分为两个步骤：第七步骤，根据成功经验和失败教训制定新的质量标准；第八步骤，把遗留问题转入下一个循环，等待下一个循环进行解决。

这四个阶段是不停顿的，循环往复。当一个循环结束时，另一个循环又开始。

根据 PDCA 循环图，可以看出它具有以下特征：

（1）大环套小环，互动循环。若把企业的整体运作看做是一个大的戴明循环，那么各个部门、小组都有各自小的戴明循环，从而形成一个大环套小环，一层带动一层，不断运转的动态系统。

（2）阶梯式上升，不断改进。戴明循环以阶梯式上升的方式进行不断循环，每循环一次，就解决一部分质量问题，使工作迈向一个新的台阶，进入下一次循环。到了下一次循环，质量管理工作又遇到了新的问题，产生了新的目标，从而得到不断的改进和提高。图 11-3 表示了这个阶梯式上升的过程。

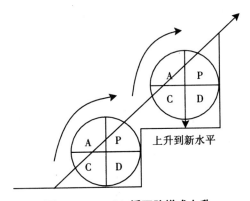

**图 11-3　PDCA 循环阶梯式上升**

（3）科学管理方法的综合运用。戴明循环的应用通常与七种质量管理中常用的统计方法相结合。这七种常用的统计方法将在本章的第四节进一步介绍。

# 第四节　质量管理中常用的统计方法

将良品率预定为85%，那便是表示容许15%的错误存在。在现实生产中一定要提高质量的标准。

——菲利普·克劳斯

## 一、排列图

### （一）排列图的概念

排列图是一种通过陈列问题、缺陷或错误来分析质量问题的方法。排列图又称为帕累托图，它是由意大利经济学家帕累托所提出的。帕累托通过研究发现，相对少数的几个关键因素对整个问题具有重要的影响。这一思想后来由美国质量管理专家朱兰引入到质量管理中，从而使排列图成为一种简单可行，一目了然的质量管理重要工具。排列图的基本图形如图 11-4 所示。

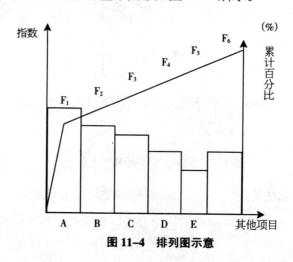

**图 11-4　排列图示意**

### （二）排列图的作图步骤

排列图的作图步骤包括：按照缺陷项目、工艺过程、事故灾害、产品品种、零件尺寸等标准对质量数据进行分类；确定数据记录的时间；统计分类项目，以全部项目为100%来计算各个项目的百分比，得出频率；计算累计频率；根据累计频率画出坐标图，按频数大小顺序作直方图，按累计比率做排列曲线，记载排列图标题及数据简历。

## 【案例11-1】
## 某汽车生产企业用排列图分析车身冲压工艺缺陷数据

表11-1　电路板生产线缺陷数据

| 缺陷 | 缺陷发生数 | 累计缺陷 | 频率 | 累计频率 |
|---|---|---|---|---|
| 坯料冲裁故障 | 550 | 550 | 40% | 40% |
| 坯料瑕疵 | 350 | 900 | 25% | 65% |
| 模具调试不到位 | 150 | 1050 | 11% | 76% |
| 夹具故障 | 120 | 1170 | 9% | 85% |
| 零件刚度不足 | 100 | 1270 | 7% | 92% |
| 零件滑移线 | 80 | 1350 | 6% | 98% |
| 其他 | 25 | 1375 | 2% | 100% |
| 合计 | 1375 | | 100% | |

根据排列图的作图步骤，首先确定产生缺陷的因素，如表11-1的第一列所示，并分别计算累计缺陷、频率和累计频率，如表11-1的第三列到第五列所示。根据以上数据，可以作出排列图，如图11-5所示。

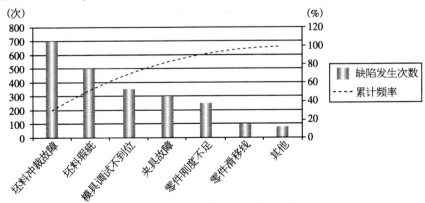

图11-5　车身冲压工艺缺陷的排列

**（三）排列图的注意事项**

使用排列图时需要注意以下几个方面的事项：

（1）影响因素的分类应恰当，主要因素不宜过多，否则会影响排列图的效果。

（2）主要问题若可进一步分层，则需根据分层类别收集数据，再作排列图，以便找出因素中的子因素，特别是核心因素。

（3）若因素较多，可将最次要的若干因素合并为其他项。

排列图的优点是主次因素分明，简单明了，便于在职工中广泛推广；可以帮助人们在质量管理过程中养成用数据说话的好习惯；应用范围广，在企业管理的各个方面都可以使用，如生产、财务、库存等。缺点是只用于分析某一质量问题中各影响因素间的主次关系，而不能确定各影响因素间的因果关系。

## 二、因果分析图

**（一）因果分析图的概念**

因果分析图，又称特性因素图或鱼刺图，用以分析产生质量问题的主要原因，并确定各个有关质量因素之间的因果关系。因果分析图主要是对影响产品质量的一些较为重要的因素进行分析和分类，并以箭头的形式将它们的因果关系在图中表示出来，从而明确质量问题。

**（二）因果分析图的作图步骤**

（1）明确质量问题，将其写在右侧的方框内，画出主干，箭头指向方框内的质量问题，如图 11-6 所示。

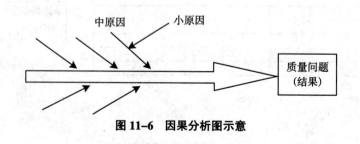

**图 11-6　因果分析图示意**

（2）确定产生质量问题的原因，并对这些原因进行分类，通常按照人（Man）、设备（Machine）、原材料（Material）、方法（Method）、环境（Environment）等进行分类，这一分类方法简称4M1E。每一原因类别的箭头方向从左到右斜指主干，并在箭头尾端写上原因分类项目，如图11-7所示。

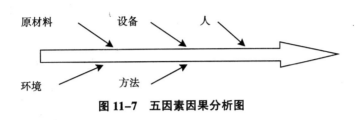

**图11-7　五因素因果分析图**

（3）将每一类别的原因作进一步深入分析，并进行展开，每个中枝表示各类别中造成质量问题的一个原因。

（4）再逐步细分各个原因，分别画小枝，直至细到能采取措施为止。

（5）从图中找出主要原因，作为质量改进的重点。

## 【案例11-2】

### 某食品加工企业对因果分析图的应用

某食品加工企业采用因果分析图分析加工食品卫生不合格的原因，从而得到如图11-8所示的因果分析示意图。

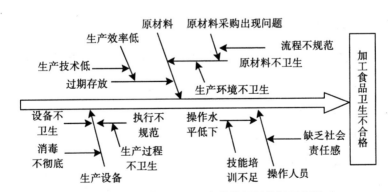

**图11-8　加工食品卫生不合格的因果分析示意图**

资料来源：李江蛟. 现代质量管理［M］. 北京：中国计量出版社，2003.

## 三、直方图

### (一) 直方图的概念

直方图通过显示数据测量值的范围以及每个测量值的出现频率来表示数据的变化情况和分布状态。在质量管理中，利用直方图能够直观地看到产品质量特性的分布状态，从而对产品总体质量情况进行分析和判断。直方图的形式如图 11-9 所示。

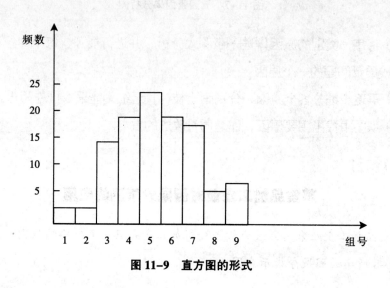

**图 11-9  直方图的形式**

### (二) 直方图的作图步骤

(1) 收集样本数据。为了使结果具有代表性，通常所收集样本的数量不少于 100 个。

(2) 找出数据的最大值与最小值，计算极差 R：

R = 最大值 $X_{max}$ – 最小值 $X_{min}$

(3) 确定组数 k 与组距 h：

组距 h = R ÷ k

（4）确定组的界限值（设测量单位为 d）：

第一组的下界 = $X_{min} - d/2$

第一组的上界=第一组的下界 + h

以后各组的下界=上一组的上界

以后各组的上界=该组的下界 + h

（5）记录各组中的数据，计算各组的中心值，整理成频数表。

（6）根据频数表画出直方图。

## 【案例 11-3】
### 某电子设备制造企业对直方图的应用

某电子设备制造企业生产某一长度在 20±0.2 毫米范围内的芯片，现抽取 100 个产成品并测量其长度，如表 11-2 所示。请根据表 11-2 的数据画出直方图。

表 11-2 某芯片的长度数据

单位：毫米

| | | | | | | | | | |
|---|---|---|---|---|---|---|---|---|---|
| 20.19 | 19.98 | 10.09 | 20.11 | 20.14 | 20.11 | 20.12 | 20.09 | 20.15 | 20.15 |
| 20.15 | 20.14 | 20.12 | 20.12 | 20.15 | 20.2 | 20.17 | 20.19 | 20.03 | 20.2 |
| 20.07 | 20.14 | 20.07 | 20.04 | 20.05 | 20.13 | 20.14 | 20.18 | 20.1 | 20.13 |
| 20.11 | 20.14 | 20.14 | 20.12 | 20.19 | 20.11 | 20.16 | 20.12 | 20.13 | 20.02 |
| 20.06 | 20.19 | 20.1 | 20.13 | 20.17 | 20.18 | 20.05 | 20.1 | 20.11 | 20.06 |
| 20.1 | 20.22 | 20.14 | 20.2 | 20.08 | 20.15 | 20.17 | 20.14 | 20.14 | 20.16 |
| 20.04 | 20.09 | 20.12 | 20.01 | 20.11 | 20.16 | 20.18 | 20.16 | 20.19 | 20.11 |
| 20.16 | 20.08 | 20.1 | 20.03 | 20.18 | 20.11 | 20.1 | 20.12 | 20.09 | 20.17 |
| 20.12 | 20.25 | 20.09 | 20.07 | 20.08 | 20.07 | 20.06 | 20.12 | 20.07 | 20.11 |
| 20.13 | 20.21 | 20.13 | 20.13 | 20.1 | 20.06 | 20.09 | 20.08 | 20.14 | 20.21 |

（1）找出数据的最大值 $X_{max}$ 和最小值 $X_{min}$，并求出极差 R。由表 11-2 数据可知，$X_{max}$ = 20.25，$X_{min}$ = 19.98，极差 R = 20.25 − 19.98 = 0.27。

（2）将数据分为 10 组，组距为 h = R ÷ k = 0.27 ÷ 10 ≈ 0.03。

（3）确定各组的上、下界，并统计各组频数，如表 11-3 所示。

表 11-3　频数分布表

| 组号 | 组界值 | 组中值 | 频数 |
|---|---|---|---|
| 1 | 19.975~20.005 | 19.99 | 1 |
| 2 | 20.005~20.035 | 20.02 | 4 |
| 3 | 20.035~20.065 | 20.05 | 9 |
| 4 | 20.065~20.095 | 20.08 | 16 |
| 5 | 20.095~20.125 | 20.11 | 26 |
| 6 | 20.125~20.155 | 20.14 | 20 |
| 7 | 20.155~20.185 | 20.17 | 12 |
| 8 | 20.185~20.215 | 20.20 | 8 |
| 9 | 20.215~20.245 | 20.23 | 3 |
| 10 | 20.245~20.275 | 20.26 | 1 |

根据以上频数分布表，以组距为底边、频数为高，画出直方图，如图 11-10 所示。

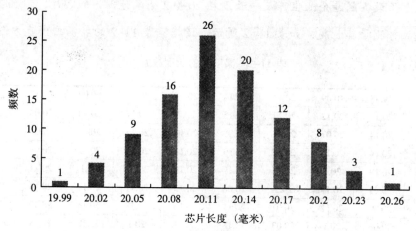

图 11-10　芯片长度的直方图

根据表 11-2 的零件长度数据，可以计算出长度均值和标准差分别为：

$$\overline{X} = \frac{1}{100} \sum_{i=1}^{100} X_i = 20.12 \text{mm}$$

$$S = \sqrt{\frac{1}{100-1} \sum_{i=1}^{100} (X_i - \overline{X})^2} = 0.056$$

## 四、数据分层法

在实际的生产中，影响产品质量的因素有很多，为了分析质量变动的原因，找出质量变化的规律，很多时候我们需要将各种质量影响因素按照一定类别进行区分和组合，以便进行比较和分析。

数据分层法是一种将条件相同、性质相同的数据组合在一起进行分析的方法。根据实际情况的不同，数据分层法主要分层方式：按操作人员进行分层；按工作地点进行分层；按不同时间、不同班次进行分层；按使用设备的种类进行分层；按原材料的进料时间、原材料成分进行分层；按检查手段、使用条件进行分层；按不同缺陷项目进行分层等。

## 【案例11-4】

### 某机电生产企业对数据分层法的应用

某机电生产企业有两个涂装车间，分别为A车间和B车间，共有甲、乙、丙三名工人负责这两个车间的涂装工艺。近日，企业对两个车间的涂装工艺的质量进行分析，共检查了100个涂装点，其中不合格涂装点的数量为40个，不合格率高达40%，于是企业采用数据分层法分析涂装工艺的质量问题。

（1）按照工人进行分层，得到表11-4的结果。

表11-4　按工人分层的质量情况

| 工人 | 合格数（个） | 不合格数（个） | 不合格率（%） |
|------|------|------|------|
| 甲 | 20 | 15 | 42.86 |
| 乙 | 13 | 5 | 27.78 |
| 丙 | 27 | 20 | 42.55 |
| 合计 | 60 | 40 | 40.00 |

（2）按照车间进行分层，得到表 11-5 的结果。

**表 11-5  按车间分层的质量情况**

| 车间 | 合格数（个） | 不合格数（个） | 不合格率（%） |
|------|------------|--------------|--------------|
| A | 35 | 27 | 43.55 |
| B | 25 | 13 | 34.21 |
| 合计 | 60 | 40 | 40.00 |

（3）由表 11-4 及表 11-5 可知，乙工人的操作质量比较好，而甲工人和丙工人的差别并不大；B 车间相比 A 车间及格率要高，但两者的差别也并不显著。于是，进一步采用综合分层的方式，得到表 11-6 的结果。

**表 11-6  综合分层的质量情况**

| 车间 | | A 车间 | B 车间 | 合计 |
|------|------|--------|--------|------|
| 甲工人 | 合格数（个） | 11 | 9 | 20 |
| | 不合格数（个） | 8 | 7 | 15 |
| | 不合格率（%） | 42.11 | 43.75 | 42.86 |
| 乙工人 | 合格数（个） | 4 | 9 | 13 |
| | 不合格数（个） | 3 | 2 | 5 |
| | 不合格率（%） | 42.86 | 18.18 | 27.78 |
| 丙工人 | 合格数（个） | 20 | 7 | 27 |
| | 不合格数（个） | 16 | 4 | 20 |
| | 不合格率（%） | 44.44 | 36.36 | 42.55 |
| 车间不合格数合计（个） | | 27 | 13 | 40 |

# 五、控制图

控制图又称管理图，它是一种有控制界限的图，用来区分引起质量波动的原因是偶然的还是系统的，从而判断生产过程是否处于受控状态。

## 【案例 11-5】
### 某钢铁生产企业对控制图的应用

某钢铁生产企业规定,其所生产的细钢条含碳量控制上限为 0.6782,下限为 0.4527。图 11-11 为该企业细钢条含碳率的控制图。由图 11-11 我们可以直观地看出该企业生产的细钢条的含碳量基本处于上下限之间,即细钢条的含碳量处于稳定的控制状态。

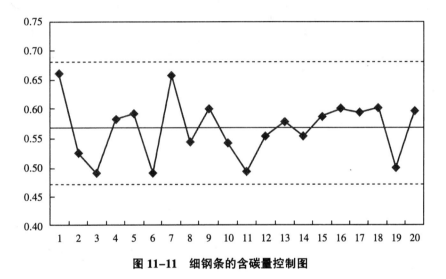

**图 11-11　细钢条的含碳量控制图**

## 六、散布图

### (一) 散布图的概念

散布图是一种以直角坐标系来表示两个变量之间相关关系的方法。散布图描述了两个变量之间的相关性,有助于分析某个质量问题的原因。两个变量之间的相关性越高,散布图中的点就越趋向于集中在同一条直线附近;两个变量的相关性很低或不存在相关性,那么散布图中的点就呈现分散的状态。

图 11-12 是表明淬火温度与硬度关系的散布图。这两者关系虽然存在,但难以用精确的公式或函数关系表示,在这种情况下用散布图来分析是很方便的。假

定有一对变量 x 和 y，x 表示某一种影响因素，y 表示某一质量特征值，通过试验或收集得到 x 和 y 的数据，然后在坐标图上用点表示出来，再根据点的分布特点，就可以判断 x 和 y 的相关情况。[①]

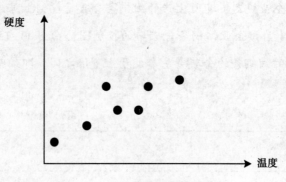

图 11–12　淬火温度与硬度的关系

**（二）散布图的使用**

**1. 确定两变量之间的相关性**

一般地，两变量之间的相关性大致分为六种情况，即强正相关、强负相关、弱正相关、弱负相关、非线性相关、无关。

**2. 进行变量控制**

通过分析各变量之间的相互关系，确定出各变量之间的关联类型及其强弱程度，从而对不同的变量进行相应的控制。

**3. 计算相关系数**

对于变量 x 和 y，可以计算出它们的相关系数 r。相关系数是评价两变量之间线性相关程度的指标。相关系数的值介于 –1 与 1 之间，且相关系数的绝对值越大，两变量的相关程度就越高。

相关系数的计算公式为：

$$r = \frac{L_{xy}}{\sqrt{L_{xx}L_{yy}}}$$

---

① 陈荣秋，马士华. 生产与运作管理 ［M］. 北京：高等教育出版社，2006.

其中，$L_{xx}$、$L_{yy}$、$L_{xy}$ 的计算公式分别为：

$$L_{xx} = \sum_{i=1}^{n} x_i^2 - n\bar{x}^2$$

$$L_{yy} = \sum_{i=1}^{n} y_i^2 - n\bar{y}^2$$

$$L_{xy} = \sum_{i=1}^{n} x_i y_i - n\bar{x}\bar{y}$$

## 【案例 11-6】

### 某制药企业对散布图的应用

某制药企业研究某一药剂的生产量与生产温度的关系，并通过测量得到一组数据，如表 11-7 所示。

**表 11-7　药剂生产量与生产温度的关系数据**

| 生产温度 x/℃ | 50 | 60 | 70 | 80 | 90 | 100 | 110 | 120 |
|---|---|---|---|---|---|---|---|---|
| 生产量 y/% | 26 | 30 | 33 | 35 | 39 | 43 | 46 | 50 |

根据以上数据，可以画出散布图，如图 11-13 所示。

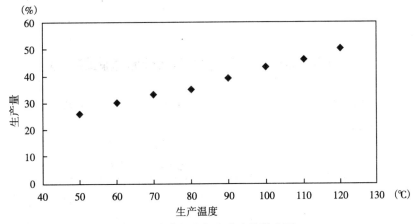

**图 11-13　生产温度与生产率的散布图**

从图 11-13 中可以看出，该药剂的生产温度与生产量之间存在非常明显的正向关系。因此我们可以定性地确定二者为强正相关。

为了更准确地确定两个变量之间的相关程度，可以计算两变量之间的相关系数。

$$L_{xx} = \sum_{i=1}^{n} x_i^2 - n\bar{x}^2 = 4200$$

$$L_{yy} = \sum_{i=1}^{n} y_i^2 - n\bar{y}^2 = 475.5$$

$$L_{xy} = \sum_{i=1}^{n} x_i y_i - n\bar{x}\bar{y} = 1410$$

因此，相关系数为：

$$r = \frac{L_{xy}}{\sqrt{L_{xx}L_{yy}}} = \frac{1410}{\sqrt{4200 \times 475.5}} = 0.9977$$

## 七、统计分析表

统计分析表是一种利用统计表格的形式对数据进行处理和分析的一种工具，它是一种用于记录、收集和积累数据的规范化表格。常用的统计分析表有缺陷位置检查表、不良项目检查表、频数分布检查表等。这种方法虽然简单，但实用性高。

### 【案例 11-7】

### 某汽车外玻璃生产企业对统计分析表的应用

某汽车外玻璃生产企业运用统计分析表来记录整理不合格产品的相关数据，如表 11-8 所示。

表 11-8　不合格产品的统计分析表

| 不合格产品的统计分析 | | | |
|---|---|---|---|
| 产品名称 | 汽车外玻璃 | 产品编号 | XD10578 |
| 生产时间 | 2011-09-27 | 生产工序 | 冲压工序 |
| 检查总数 | 2000 | 不合格数 | 120 |
| 合同类型 | 销售合同 | 合同编号 | DF700811 |
| 备注 | | | |
| 不合格项目 | | 各项目不合格数 | |

| 玻璃表面缺陷 | 27 |
|---|---|
| 玻璃形状缺陷 | 26 |
| 刚度不足 | 33 |
| 砂眼 | 34 |
| 合计 | 120 |

资料来源：赵树基. 生产运营管理 [M]. 北京：经济日报出版社，2008.

# 第五节　六西格玛管理

20 世纪是生产率的世纪，21 世纪是质量的世纪。

——约瑟夫·朱兰

## 一、六西格玛管理的内涵

六西格玛管理，简称 6σ 管理，是由摩托罗拉公司提出的一种质量统计评估法。σ 在统计学中表示标准偏差值，常用来描述总体中的个体偏离均值的程度，σ 值越大，缺陷或错误就越少。六西格玛管理的目标是使企业的产品缺陷率尽可能低，力求在企业生产的产品中，有 99.99966% 是无缺陷的。六西格玛思想认为，目前大部分企业处在 3σ~4σ 的阶段，这一阶段的生产缺陷使企业的事后弥补资金占到销售额的 15%~30%。但是若企业做到 6σ，其事后弥补资金将会降低到约为销售额的 5%。

六西格玛管理的核心是从客户需求出发，以极低的产品缺陷率为客户提供高质量的产品和服务，从而不断追求零缺陷的质量水平。六西格玛管理能够帮助企业从战略层面上解决质量问题，有利于企业不断降低成本，提高生产效率，提升客户满意度和忠诚度，从而实现企业的持续发展。

## 二、六西格玛管理的特征

六西格玛管理的要点是从客户的需求出发，将企业的所有工作看做一种流程，采用量化的方式去分析流程中的各个问题，并通过部门间的相互合作，促进流程的不断改善，从而提高企业的质量管理水平，提升企业的客户满意度。

六西格玛管理主要具有以下几点特征：

（1）高度关注客户需求，以客户为出发点进行流程改善，将客户的期望作为目标，从而不断提高客户满意度与客户忠诚。

（2）以统计数据为工具，对生产运作过程进行量化管理，以量化的手段去分析流程中的各个问题。

（3）从根源上根治缺陷问题，持续改善业务流程。

（4）全体员工主动参与到流程的改进管理中。

（5）不断加强部门间的相互合作，营造一个乐于改进，勤于学习的企业文化。

## 三、六西格玛管理的流程改善方法

实施六西格玛管理的具体方法是 DMAIC 方法。DMAIC 方法是一种以统计数据为基础的流程改善方法，具有一定的严谨性和系统性，能够便于企业有效地完成流程改善项目，以达到零缺陷的目标。

DMAIC 方法包括五个阶段，即 D—定义、M—测量、A—分析、I—改进以及 C—控制。[1]

### （一）D—定义

该阶段主要是对流程以及影响流程的关键质量因素进行定义，并确定客户的关键需求。

---

[1] [美] 托马斯·伯特尔斯.六西格玛领导手册 [M].北京：电子工业出版社，2005.

## （二）M—测量

该阶段主要以数据统计方法测量当前流程的缺陷率，并对当前的流程进行评价，识别出流程存在的全部问题以及产生这些问题的原因。

## （三）A—分析

该阶段主要是对上一阶段的数据进行分析，通过绘制流程图，找出流程的最主要问题以及问题的最根本原因。

## （四）I—改进

该阶段的主要任务是寻找解决问题的方案，并对各个解决方案进行分析及优化，最终确定最佳方案，并实施该方案，从而改进流程。

## （五）C—控制

该阶段主要是通过建立一个标准化的系统来对流程进行有效的控制，从而保持流程改善的成果。

# 【案例 11-8】
# 某公司的六西格玛管理

某企业是一家钢铁生产企业。自 2004 年以来，企业所生产的高线的产量及订货量不断下降，产品质量也大不如前。因此，企业决定采用六西格玛管理来提高高线的生产质量，以"D—定义，M—测量，A—分析，I—改进，C—控制"五个阶段推进六西格玛项目的进行。

为了评估目前高线生产的绩效，该企业针对工艺废钢和设备废钢进行了分类统计。统计结果显示，高线一级品率的 σ 绩效值为 3.21σ，这说明了该企业高线的合格率及成材率不高，企业仍需对这两个方面进行改进。

在明确了问题与目标后，该企业采取了相应的措施来改进高线的质量，这些措施主要包括以下内容：

（1）成立以车间主任为组长的培训小组，进行长期性培训计划，锻炼大工种作业能力，从而提高轧钢人员的技术水平。

（2）在全线岗位推行生产过程控制，落实公司工序控制点的检查，保证轧件走向顺畅。

（3）严格实行经济责任制考核，将产品质量责任落实到每个员工上。

（4）推行全面设备点检制度，加强控制和抽检，保证活套工作正常。

通过实施六西格玛管理，该企业的高线合格率由原来的 91.45% 提升到 96.87%，工艺废钢率由 82% 下降到 57%。可见，该企业的六西格玛管理获得了巨大的成效。

资料来源：http://www.texindex.com.cn/Articles/2008-1-8/125735_1.html.

## 本章小结

质量的竞争是企业竞争的主要方面，产品质量的好坏直接关系到企业成功与否。现今全面质量管理开始成为质量管理的主要方式。全面质量管理的主要方法是 PDCA 循环，这是一个不断提升产品质量的先进方式之一，全面质量管理关注从产品的设计到售后的整个过程。质量管理中常用的统计方法包括排列图、因果分析图、直方图、数据分层法、控制图、散布图以及统计分析表等，不同的方法能够反映出产品质量的不同问题，从而有针对性地对产品质量进行管理。六西格玛管理是一种质量管理中常用的统计评估法，其为质量管理提供了更多科学的方式，便于在企业的质量管理的过程中，能更好地进行操作和控制。总之，无论我们采用怎样的方法进行质量管理，企业都要时刻谨记产品质量关系到企业的切身利益，更关系到企业的长远发展。

# 第十二章　生产运作管理
# 发展的新趋势

开篇案例

## 上海通用的绿色制造

上海通用汽车是国内著名的汽车生产企业，拥有浦东金桥、烟台东岳、沈阳北盛3大生产基地以及一个汽车技术中心。面对当今激烈的市场竞争，上海通用汽车顺应生产运作管理发展的新趋势，致力于推行汽车生产的绿色制造，从而获得了强大的竞争力。

2008年，上海通用汽车启动"绿动未来"战略计划后，采用先进的节能减排技术以及采取设备改造、优化操作等手段，使其汽车的节能减排效果得到明显提升。上海通用汽车成为汽车行业中首家"国家环境友好企业"，其清洁的生产方式得到了社会的认可。

通过"绿动未来"战略计划的实行，2009年，上海通用汽车平均每辆车能耗达到0.42吨标煤/辆，较2007年下降了10%，平均每辆车水耗为4.72吨，较2007年下降了21%。2008年到2009年，上海通用汽车三大基地连同泛亚汽车技术中心共落实节能减排项目达78项，共节电1600多万度，节省支出近5350万元。由此可见，绿色制造为上海通用汽车带来了巨大的成效。

资料来源：http://auto.ifeng.com/roll/20100714/370598.shtml.

【案例启示】绿色制造是对环境友好和利于制造活动可持续发展的制造模式，

这也是企业的生产运作管理不断发展的新趋势。企业应该顺应这种生产运作管理的发展新趋势，让其产品在产品生命周期内对环境的负面影响最小，从而使制造活动的经济效益和社会利益得到平衡。

> **本章您将了解到：**
> ● 大规模定制生产的主要内容
> ● 绿色制造的五个主要组成部分
> ● 网络化制造的主要内容

# 第一节　大规模定制生产

大规模定制是一种崭新的生产模式，它适应了"感知-响应"模式的需求，它以个性化客户需求为导向，并以大规模生产的方式来响应和满足这种需求。

——蒋雯

现代市场竞争日益激烈，消费者需求也开始从单纯的产品需求变为希望能消费突出自我、展现个性的产品。因而旧的生产观念已经不再适合当前的实际。为了能在消费者成为主宰的买方市场占有一席之地，企业首先应该转变观念。然而，企业的目标是盈利，因而在生产的过程中企业就必须兼顾成本，这样才能在低成本和满足消费者定制化需求这两方面找到平衡，从而保证企业的长久发展。在这样的市场环境下，大规模定制生产就成为生产运作发展的新趋势。

定制生产是企业满足消费者个性化需求的方式，但成本却很高，而大规模生产则能很好地降低成本，却失去了满足消费者个性化需求的灵活性。综合这两者的优点，大规模定制生产应运而生。大规模定制生产就是将定制生产和大规模生产结合起来，既满足了消费者的个性需求，又降低了成本。

那么，究竟怎样才能真正实现大规模定制生产呢？大规模定制生产的关键就是模块化。模块化就是将产品的零部件设计为可同通用的部件，就像积木玩具那样，接口相同，并且通过不同部件的组装就能形成不同的产品。

想要实现模块化，从而走大规模定制生产的道路，企业就需要从以下几个方面着手：

### （一）准确获取顾客需求

进行大规模定制生产的前提是了解顾客的需求。企业只有做到准确获取顾客需求，才能使其所生产的产品能够充分地满足每个顾客的个性化需求，从而不断提高顾客满意度。

### （二）具备敏捷的产品开发设计能力

企业进行大规模定制生产时，必须具备敏捷的产品开发设计能力，从而不断开发设计出个性化、多样化的产品，以满足顾客各种需求。

### （三）柔性的生产制造能力

要想更好地利用大规模定制生产方式，企业就必须具备柔性的生产制造能力。柔性生产制造能力是指企业的生产系统能够对顾客的需求做出准确而快速的反应。相较于传统的、专门为一种产品设计的刚性制造系统而言，柔性制造系统能更及时地满足顾客多样化、个性化的需求。

### （四）及时响应，并且达到最优化的供应链系统

大规模定制生产要求企业的供应链系统能够最快速地对企业的需求做出响应，这样才能促进企业大规模定制生产方式的实现。

大规模定制生产方式是一种全新的生产经营模式，它既有大批量生产的低成本、高速度等优势，又保留了定制生产的灵活性、多样性等特点。因此，与传统的定制企业或大规模生产企业相比，大规模定制企业更能够以低成本、高效率的生产方式去满足顾客的个性化需求，从而更具有竞争优势。

# 第二节  绿色制造

发展生产绝不能以牺牲环境为代价。

—— 佚名

如今的生态环境日益恶化，同时，企业的生产制造活动也面临着越来越严厉的环境保护相关的法律法规的制约，加上消费者对绿色产品具有强烈的需求，因此，制造业应具备良好的社会责任感，致力于环保型产品的生产，并不断改造生产流程，从而达到节能减排的目的。如今，绿色制造已经成为生产运作管理发展的趋势。

总的来说，绿色制造是一种有利于环境的可持续发展的制造模式。绿色制造通过采用绿色环保的方式来开展整个产品生命周期内各个环节的工作，从而达到节约能源，减少废气及污水排放的目的，并促进了环境的和谐发展，促使制造活动的经济效益和社会效益得到平衡。

绿色制造根据产品的生命周期可以分为：绿色设计、绿色材料、绿色工艺、绿色包装、绿色处理五个部分。但是在产品生命周期内，绿色设计是最关键的。

## （一）绿色设计

产品设计是指将产品的构思转化为产品具体的结构、材料、性能、零部件组成、技术要求、工作图纸等。而绿色设计主要是指在对产品进行设计时，应充分考察其对环境与资源的影响，在不降低产品各方面性能和不提高产品成本的同时，优化各方面设计因素，使产品在整个生命周期内对环境与资源的负影响最小。

## （二）绿色材料

绿色材料主要是指产品在生命周期内所使用的材料应该是无污染、无公害且对环境与资源不产生影响的材料制品；绿色材料还包含有某些在一定范围内对资源与环境产生有限危害，但在经过处理后可以消除危害的材料制品。

### （三）绿色工艺

绿色工艺主要是指可以兼顾企业经济效益和社会效益的工艺技术，即这种工艺技术既可以提高企业的经济效益，又不会对社会环境与资源产生影响，也不会对企业员工的身体健康产生影响。

### （四）绿色包装

绿色包装主要包括两方面：一方面选择无污染、无公害的包装材料，如产品外包装选择可降解的材料；另一方面是指减少资源浪费，提高包装材料的资源利用率，例如，产品包装不追求外表的华丽，而是简约实用。

### （五）绿色处理

绿色处理主要是指产品在生命周期内可以形成一个闭环循环，即产品结束寿命时可以通过回收利用进入另一个产品的生命周期循环。

# 第三节　网络化制造

企业利用网络平台可大幅度地提高其生产运营能力。

**——佚名**

网络技术的出现为企业实现了信息的共享，改变了企业的管理模式及生产运作模式，使企业面临着前所未有的挑战与机遇。如今，网络化制造已成为生产运作管理发展的新趋势，企业要想在日益激烈的市场竞争中取胜，就要顺应这一趋势，增强网络化制造的水平，提高企业内部信息化的建设，从而获得竞争优势。

网络化制造是指通过构建一个网络化制造平台，整合相关制造资源，实现协同设计与制造、电子商务、快捷物流、大规模定制等先进管理理念，从而提高生产效率，获得收益。网络化制造的目标是在生产过程中充分利用网络信息平台来实现对企业生产、经营的有效管理，以应对越来越激烈的市场竞争，并获得更大的利益。

一方面，网络化制造有利于企业充分利用各种制造资源，从而提高产品的设计水平及生产能力，增强供应链的整体运作水平，提升企业的核心竞争力；另一方面，网络化制造还能够通过利用网络技术，使不同企业跨越空间距离进行信息集成及资源共享，从而实现社会资源的优化配置，使社会总体生产力水平得到不断提高。

企业实施网络化制造的同时，必须高度重视信息安全问题。企业要实现网络化制造，就需要通过网络平台与企业外部的各合作伙伴进行信息的传递和共享，从而加快市场反应的速度，提高生产运作的效率，降低总体运营成本。通常，企业在实行网络化制造时，所需要共享的信息包括产品开发理念、产品设计信息、工艺设计资料、生产制造数据、供应链管理信息、客户反馈意见等。这些信息涉及了企业内部的各种商业数据，在信息的传递和共享过程中很有可能会被竞争对手恶意篡改、窃取或破坏，从而损害了企业的利益。信息是企业至关重要的资源，关系到企业在市场竞争中的成败，因此在推行网络化制造与服务的同时，必须要妥善处理好信息安全问题，从而保护企业的知识产权，提升企业的竞争力，使企业获得长足发展。

## 本章小结

随着时代的不断变迁，新的科技层出不穷、突飞猛进，全球化市场竞争日益激烈，市场对企业生产运作管理的要求也不断变化，传统的生产运作管理遇到了越来越多的挑战。企业要在复杂的竞争环境下生存发展，就必须清楚地认识到如今生产运作管理发展的新趋势，并且对生产方式实行改进，从而适应新环境，并不断提高市场竞争力。企业的生产运作管理有三种发展趋势：一是大规模定制生产，二是绿色制造，三是网络化制造。"适者生存，不适者淘汰"，企业只有适应新的竞争环境，不断改进生产运作管理方式，才能获得可持续的发展。

# 第十三章 生产运作管理的 哲学与艺术

## 生产线问题的解决

某香皂工厂引进了一条先进的香皂包装生产线。在生产过程中，该工厂发现这条生产线存在一个缺陷——常有盒子里没有装入香皂。为了不把空盒子卖给顾客，该公司的厂长召开会议，让各员工对此出谋划策。

一开始，各员工对该问题百思不得其解。后来，公司资深的老员工 A 提议，公司应设计一个系统，利用机械、微电子、自动化、X 射线探测等技术来分拣空的香皂盒。每当生产线上有空香皂盒通过时，系统中的探测器会检测到，并且驱动一只机械手把空皂盒推走。A 预计，该方案大概需要 80 万元的投入，尽管投入较大，但是效果明显。该方案得到了大家的一致认可。

此时，新来的员工 B 沉不住气了，说道："我可以只花 90 元，就解决这个问题。"大家对此都感到很诧异。B 员工继续说："我们其实只需用 90 元买一个大功率电风扇放在生产线旁猛吹，空皂盒自然肯定会被吹走的！"

听到 B 的回答后，大家不禁感叹，原来用这么简单的方法就可以解决这个问题，而一开始大家都把简单问题复杂化了。

资料来源：http://labs.chinamobile.com/mblog/59441_31334.

【案例启示】这个小故事告诉我们，生产运作管理中，应当尽可能地将问题简单化，尽可能地追求以最低成本去解决生产中的难题。每个生产行业都会经过规范化、标准化、自动化的进程，而其真正的目的在于实现简单化，从而提升人及设备整体的效率。只有将人与机器设备的保养、操作、防错及纠错结合在一起，才能实现生产运作过程的价值最大化。本章将集中探讨企业的资源分配问题，以及如何实现细节化、简单化和自働化。

> **本章您将了解到：**
> ● 资源分配的两种工具：BCG 矩阵及 SWOT 分析
> ● 伟大出于平凡的生产哲学
> ● 简单化的生产哲学
> ● 自働化的生产哲学

# 第一节　资源分配

企业分配资源必须力求创造效能与效率。不与效率同步的效能是脂肪，脂肪不是肌肉。

——佚名

企业的资源分为以下几种：财务资源、人力资源、社会资源及组织资源。在中国，传统资源分配的哲学是，谁最需要资源就将大部分的资源分配给他。在一个农村家庭里，如果其中一个孩子特别擅长读书，那么全家的资源就会围绕着这位有需要的学生。早期中国企业的情形也是如此，如果市场上的需求大于供给，通常就决定了企业资源的去向。但是在全球化的时代里，身为企业的领导必须关注的是资源分配的未来性和可持续性。企业在资源分配时可以借助下列两种工具：BCG 矩阵及 SWOT 分析。

## 一、BCG 矩阵

BCG 矩阵区分出四种业务组合:

### (一) 现金牛业务 (低增长、高市场份额)

业务处于成熟的市场中,并且占有很高的市场份额,能够为企业带来大量的现金流及高边际利润,但市场的增长潜力是有限的。

### (二) 明星型业务 (高增长、高市场份额)

业务处于高速增长的市场中,并且占有很高的市场份额,现金流的贡献取决于资本支出的高低。

### (三) 问号型业务 (高增长、低市场份额)

业务处于高速增长的市场中,但市场份额较低。对于此类业务,企业应抱有谨慎的态度,并慎重地考虑是否继续对此类业务进行投资。

### (四) 瘦狗型业务 (低增长、低市场份额)

业务处于低增长、低占有率的市场中,既不能产生大量的现金流,也不需要投入大量现金。

BCG 矩阵能够有效地把企业的战略规划及资源配置工作结合起来,并采用市场增长率和市场份额这两个衡量指标对企业复杂的战略行为进行划分,从而帮助企业分析确认哪些业务需要投资,哪些业务不需要投资,哪些业务应该从业务组合中删除,从而使企业的业务组合及资源分配达到最佳模式。

## 二、SWOT 分析

麦肯锡咨询公司的 SWOT 分析在近代管理学中相当知名且运用广泛。SWOT 分析包括分析企业的优势 (Strength) 与劣势 (Weakness) 及市场环境中的机会 (Opportunity) 与威胁 (Threats)。通过 SWOT 分析,可以帮助企业把有限的资源聚集在自己的优势和机会较多的地方。

SWOT 分析的方法很简单，但想要将其运用好也有一定的难度，难点主要在于：必须对公司的优势与劣势有正确且客观的认识，而不是井底之蛙坐井观天；必须了解公司及市场的现状并正确地预测未来；必须与竞争对手进行比较，但企业难以确定其竞争对手的相关信息是否正确。因为科技的发展，企业关注的重点可能不一样，所以 SWOT 分析需根据环境的变化而做出相应的修改。

纵然 SWOT 分析有自己的一些局限，但它还是一个在分配企业资源时较为有效的、被大众所接受的工具。

在生产运作上，中国人崇尚"大就是美"，所以资源往往流向获利的部门，其实这对于企业的中长期发展并不是一个好现象。长远看，企业的资源应围绕着具有未来性及可持续性的投资，同时也要考虑这些投资对社会所做出的贡献。特别在当前信息化和全球化的时代里，形势瞬息万变，真正成功的企业应该在于其"强和精"而不在于"大"。"蚂蚁帝国"的现象已屡见不鲜，如近两年受金融危机影响，我国企业的并购浪潮有了新契机。"蚂蚁们"的并购只取所需，要么是品牌和渠道，要么是技术，要么是人才，绝不贪大求全。

# 第二节　伟大出于平凡

大礼不辞小让，细节决定成败。

——汪中求

万丈高楼平地起，细节决定成败。一颗小小的螺丝钉可以毁掉一台精密的机器，一个马蹄铁可以毁掉一个国家，这告诉我们，所有伟大的事件全部都来自于不断地重复一些简单的事项。基本功决定了好、较好、非常好、优秀及伟大。在企业成长的过程中，人的心理因素的变化、环境的变化都会不断地影响企业的发展，唯有能坚持农夫精神的企业才能胜出。什么是农夫精神呢？就是日出而作，日落而息，每天都勤奋且不间断地重复相同的事情，为自己的家人及社会工作。

孟子曰："天将降大任于斯人也，必先苦其心志，劳其筋骨，饿其体肤，空乏其身，行拂乱其所为，所以动心忍性，曾益其所不能。"针对孟子所说的这些道理，我们可以理解为一个真正成功的企业离不开风雨的洗礼。一路走来都顺风顺水的企业，当其规模壮大之后再遭遇挫折时，其损伤可能是毁灭性的。而一步一个脚印走过来的企业，其间遭遇过各种挫折并不断成长，反而能渡过相当多的难关。

在生产的领域里，最佳的解决方案通常来自于第一线的员工，因为他们每天接触的就是与生产有关的事务。那些让他们感觉不方便的操作或工作中的"瓶颈"都可以通过改善产品设计或改造流程而得到完善，进而能够有效地提高整个生产运作系统的效率。由此可见，企业的管理者千万不要忽略了一些小细节，也不要忽略来自于基层员工的建议。其实世界上很多伟大的发明都是来自于消费者或企业基层员工。许多伟大的事件其实都是为了解决一些平凡的事情。

细节管理其实就是伟大出于平凡的最佳实证，所有的企业不需要好高骛远，只要能一步一个脚印地往前走，就能达到自己所设定的目标。企业只要持续做到"明天比今天更好"，连竞争者都会为之胆寒。而要达到不断的持续进步就要注重细节管理，这也就是伟大出于平凡的理念。

# 第三节　简单化

标准化的东西才能简单化，这就是一种特色。

——周正刚

让整个企业做正确的事、让所有员工正确地做事，最简单的方法就是将整个企业的制度及管理流程合理化、标准化、电脑化及自动化之后再实现简单化。

老子曾说过："治大国如烹小鲜"。这句话表示了管理的至高境界，就是简单化。企业为了防弊或者是不知道如何管理时，常常就会将管理复杂化，其实解决问题的最佳方法是简单化。如当一家企业的产品质量出了问题，一些质量管理专家就会聚精会神地开会讨论如何解决这些问题，到最后，大部分问题都是以防弊的方式解决。其实，解决质量问题的最佳方法在于产品设计。在产品设计阶段就进行严格的质量把关，能够杜绝后续生产过程中的种种质量问题，从而有效地提高产品的质量。

几乎所有的管理理念都非常简单，如彼此尊重、为顾客服务、追求卓越、简单化等。太复杂的东西要将其列入智库是比较困难的，但是企业要采用简单化的管理就一定要有完善的信息系统作为支撑，从而能够及时地为决策者提供相关信息。

管理简单化的过程并不简单，需要管理者及其团队努力去找到简单化的方法和途径。只要是困扰企业的问题都是复杂的问题，都要以简单化的模式去解决它。科技的发展就是寻求简单化的过程。笔、墨、纸、砚、电话、手机、电脑、电视、电冰箱、洗衣机、空调、火车、汽车、飞机等发明都是为了解决复杂的程序而将之简单化。那么，在生产运作管理上应如何实施简单化呢？

企业的生产运作管理要实施简单化，就需要做到以下几点：

（1）了解顾客的真正需求。

（2）产品设计以顾客需求为最高标准，并在设计中就考虑制造的简单化。

（3）采购原材料时需将质量放在价格之上。

（4）生产设备与工艺流程能相互配合。

（5）用 IT 系统让所有相关部门的信息得到共享。

（6）让生产线员工能简单清楚地了解操作流程。

（7）质量设计>质量保证>质量检验。

（8）在企业固定资产上的管理观念为"预防胜于治疗"。

（9）以顾客的需求及市场未来的趋势作为持续改善的动力。

（10）以需求拉动生产。

（11）企业的制度及操作规范必须合理及合法，最好还能合乎人情。

（12）PDCA 循环是有效进行企业任何一项工作（特别是生产运作）的合乎逻辑的工作程序和管理工具。

（13）追求成本与质量（客户满意）的最优结合。

一个企业要将企业内部作业简单化就是一件不简单的事情，但是企业必须要了解到，只有简单化了的作业才能使人和设备释放出所有的动力，才有所谓的效果可言，也才能为企业获得核心竞争力。试问哪一个成功企业的流程会比其竞争者的复杂呢？也许会有人举出很多例子来反驳这个观点，但是本节认为可能会有这种情形，而从现在开始你必须为这个企业担心，因为它的竞争者在不久的将来就会超越它。

# 第四节　自働化

自働化，而非自动化，这是具有人的判断在里面的自働化。

**——佚名**

人才是整个生产运作的核心。企业不管自动化的程度如何，都必须要有人来进行机器和设备的操作，都需要人的管理。唯有将人与机器设备的保养、操作、防错及纠错结合在一起的自働化才能真正地产生效率和效果。

企业从产品设计到生产、销售及服务等环节不断地经过进行合理化、标准化、自働化、电脑化等步骤，这些步骤最主要的目的在于提升效率。企业在追求效率的同时也必须强调对人的尊重。"自働化"在日本丰田公司得到推广并获得很大的成效，带人字旁的"自働化"的意义是"具有人的判断的自働化"；在欧美讲的是彼此尊重和授权，而在中国强调的是人性化管理，其道理都是相通的。

自働化的基础在于简单化，在自働化之前必须有合理化、标准化的基础，再辅之以电脑化及自働化。这也就是我们所谓的企业做正确的事，然后再要求员工正确地做事。

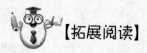【拓展阅读】

### 企业做正确的事

（1）外部环境信息系统化。

（2）企业的工作技能标准化。

（3）企业的知识管理系统化。

（4）辅之于电脑化及自动化。

（5）简单化。

（6）人性化管理。

### 企业员工正确地做事

（1）具有工作责任心，做好自身的本职工作。

（2）遵守企业的各项规定，按照规矩办事。

（3）做到工作守时，提前或准时完成工作。

（4）遵守承诺，必须完成答应过的工作任务。

（5）注重工作方法的改进，不断追求进步。

（6）用正确的方法做正确的事。

企业要达到自働化的境界就必须要以人为中心，并围绕着人的舒适性、易理解性、易操作性、易管理性、信息易获得性及易沟通性，开展生产运作管理工作，这一切跟企业文化也有很大的关联。只有真正落实企业文化的内涵，而不是将企业文化流于口号，才能激发员工尽心尽力地为企业做事，事事以企业的利益为出发点，从而真正发挥自働化的最大效果，并不断靠近老子的"无为而治"的境界。

# 本章小结

生产运作管理的最基本因素是做正确的事及正确地做事，并合理地进行资源分配，同时必须谨记伟大出于平凡的哲理。企业的生产运作管理必须要做到合理化、标准化、自动化、信息化，然后简单化，再进一步实现自働化，从而才能适应市场环境的变化及技术发展的要求。

对于企业来说，生产运作管理是企业管理的重要方面。企业在进行生产运作管理的过程中必须要根据自身的实际情况，结合先进的思想，逐步形成企业自身的生产运作管理的哲学与艺术，从而保证企业的生产运作管理能够得到真正的优化。

# 参 考 文 献

［1］Jay Heizer.Operations Management ［M］. Prentice Hall，2001.

［2］Steven Nahmias.Production and Operations Analysis（Fifth Edition）［M］. Mc Graw Hill，2005.

［3］Richard J. Schonberger，et al.Operations Management ［M］. Mcgraw-Hill，1997.

［4］Richard B.Chase.Production and Operations Management ［M］. Manufactoring and Services.–7th ed.， Irwin MaGraw-Hill，1995.

［5］W.Riggle.Inventory on a Grand Scale ［J］. Supermarket Business，1997（2）.

［6］陈荣秋，周水银. 生产运作管理的理论与实践 ［M］. 北京：中国人民大学出版社，2002.

［7］林光. 企业生产运作管理 ［M］. 北京：清华大学出版社，2006.

［8］陈志祥. 现代生产与运作管理 ［M］. 广州：中山大学出版社，2003.

［9］陈国华. 生产与运作管理 ［M］. 南京：南京大学出版社，2006.

［10］陈福军. 生产与运作管理 ［M］. 北京：中国人民大学出版社，2005.

［11］迪尔沃斯. 运作管理 ［M］. 北京：中信出版社，2006.

［12］大卫·泰勒. 生产运营与供应链管理 ［M］. 北京：清华大学出版社，2004.

［13］陈荣秋，马士华. 生产运作管理 ［M］. 北京：机械工业出版社，2004.

［14］陈心德，吴忠. 生产运营管理 ［M］. 北京：清华大学出版社，2005.

[15] 齐二石. 生产与运作管理教程 [M]. 北京：清华大学出版社，2006.

[16] 杰伊·海泽，巴里·雷德. 生产与运作管理教程 [M]. 北京：华夏出版社，1999.

[17] 陈荣秋，马士华. 生产与运作管理 [M]. 北京：高等教育出版社，2005.

[18] 马士华，林勇. 供应链管理 [M]. 北京：高等教育出版社，2006.

[19] 威廉·史迪威森. 生产与运作管理 [M]. 北京：机械工业出版社，2000.

[20] 詹姆斯·菲茨西蒙. 服务管理 [M]. 北京：机械工业出版社，1998.

[21] 理查德·蔡斯等著，宋国防等译. 生产与运作管理——制造与服务 [M]. 北京：机械工业出版社，1999.

[22] 潘家轺，曹德弼. 现代生产管理学（第2版）[M]. 北京：清华大学出版社，2003.

[23] 威廉·史蒂文森. 生产与运作管理（第6版）[M]. 北京：机械工业出版社，2000.

[24] 奈杰尔·斯莱克等著，李志宏译. 运作管理 [M]. 云南：云南大学出版社，2002.

[25] 龚国华. 生产与运营管理——制造业与服务业 [M]. 上海：复旦大学出版社，2003.

[26] 汪星明. 现代生产管理 [M]. 北京：中国人民大学出版社，1995.

[27] 刘丽文. 服务运营管理 [M]. 北京：清华大学出版社，2004.

[28] 刘丽文. 生产与运作管理 [M]. 北京：清华大学出版社，2002.

[29] 邱灿华，蔡三发. 运作管理 [M]. 上海：同济大学出版社，2004.

[30] 黄宪律. 生产运营管理 [M]. 合肥：安徽人民出版社，2002.

[31] 周三多. 生产管理 [M]. 南京：南京大学出版社，1999.

[32] 宋克勤. 生产运作管理教程 [M]. 上海：上海财经大学出版社，2002.

[33] 王道平，谭跃雄. 生产运作管理 [M]. 长沙：湖南大学出版社，2004.

[34] 吴健. 生产运作管理 [M]. 广州：广州经济出版社，2007.

[35] 赵红梅，岳建集. 生产与运作管理 [M]. 北京：人民邮电出版社，2007.

[36] 陈福军. MBA 案例精选 [M]. 大连：东北财经大学出版社，2009.

[37] 熊和平. 供应链管理实务 [M]. 广州：广州经济出版社，2002.

[38] 沈文，云俊，邓爱民. 物流与供应链管理 [M]. 北京：人民交通出版社，2003.

[39] 赵树基. 生产运营管理 [M]. 北京：经济日报出版社，2007.

[40] 申元月. 生产运作管理 [M]. 济南：山东人民出版社，2007.

[41] 朱庆华. 绿色供应链 [M]. 北京：化学工业出版社，2004.

[42] 曾仕强. 人性管理 [M]. 北京：东方出版社，2006.

[43] 曾仕强. 中国式领导——以人为本的管理艺术 [M]. 北京：北京大学出版社，2005.

[44] 孙健，赵涛，许进. 经理人必备管理故事与哲理 [M]. 北京：新世界出版社，2008.

[45] 任建标. 生产与运作管理 [M]. 北京：电子工业出版社，2006.

[46] 胡海燕，叶飞帆. 基于成组技术的精益生产方式及实例 [J]. 宁波大学学报（理工版），2007(4).

[47] 马克·戴维斯. 运营管理基础 [M]. 北京：机械工业出版社，2004.

[48] 朱旻. 生产计划与执行操作手册 [M]. 北京：人民邮电出版社，2007.

[49] 武振业，周国华，叶成炯，井润田. 生产与运作管理 [M]. 成都：西南交通大学出版社，2003.

[50] 马晓峰. 避开采购黑洞 [M]. 北京：中国社会科学出版社，2008.

[51] 陈建华. 采购管理的 100 种方法 [M]. 北京：中国经济出版社，2006.

# 后　记

2011 年 9 月，中国社会科学院哲学社会科学创新工程正式启动，该工程将学术观点和理论创新、学科体系创新与管理创新、科研方法与手段创新作为创新的主要内容。创新工程的理念与我们的构思不谋而合，在团队成员的共同努力下，我们完成了《21 世纪工商管理文库》的编写工作，本文库始终把实践和理论的结合作为编写的基本原则，寄希望能为中国企业的管理实践提供借鉴！

## 一、我们的团队

我们的团队是由近 200 名工商管理专业的硕士、博士（大部分已毕业，少数在读）组成的学习型团队。其中已毕业的硕士、博士绝大多数是企业的中高层管理者，他们深谙中国企业的发展现状，同时又具备丰富的实践经验，而在读硕士、博士则具有扎实的理论基础，他们的通力合作充分体现了实践与理论的紧密结合，作为他们的导师，我感到无比的自豪。根据构思及团队成员的学术专长、实践经验、工作性质、时间等情况，我们挑选出 56 名成员直接参与这套文库的编写，另外还邀请了 62 名（其中 5 名也是编写成员）在相关领域具有丰富理论和实践经验的人员针对不同的专题提出修改意见，整套文库的编写人员和提供修改意见的人员共有"113 将"。我是这套文库的发起者、组织者、管理者和领导者，同时也参与整套文库的修改、定稿和部分章节的编写工作。

本套文库从构思到定稿历时 8 年，在这 8 年的时间里，我们的团队经常深入企业进行调研，探究企业发展面临的问题和困境，了解企业管理者的困惑和需要，进一步将理论应用于实践并指导实践。我们经历了很多艰辛、挫折，但不管多么困难，总有一种使命感和责任感在推动着我们，让我们勇往直前，直至这套文库问世。

本套文库在中国社会科学院工业经济研究所研究员、经济管理出版社社长张世贤教授的大力支持和帮助下被纳入中国社会科学院哲学社会科学创新工程项目，并得到该项目在本套文库出版上的资助，同时，张世贤教授还参与了本套文库部分书籍的审稿工作，并且提出了很多宝贵的意见。另外，经济管理出版社总编室何蒂副主任也参与和组织了本套文库的编辑、审稿工作，对部分书籍提供了一些有价值的修改意见，同时还对本套文库的规范、格式等进行了严格把关。

有56名团队成员参加了本套文库的编写工作，他们为本套文库的完成立下了汗马功劳。表I列出了这些人员的分工情况。

表 I　团队成员分工

| 书名 | 编写成员 |
| --- | --- |
| 1. 战略管理 | 龚裕达（中国台湾）、胡中文、温伟文、王蓓蓓、杨峰、黄岸 |
| 2. 生产运作管理 | 李佳妮、胡中文、李汶娥、李康 |
| 3. 市场营销管理 | 胡琼洁、李汶娥、谢伟、李熙 |
| 4. 人力资源管理 | 赵欣、马庆英、李汶娥、谭笑、陈志杰、卢泽旋 |
| 5. 公司理财 | 赵欣、易强、胡子娟、向科武 |
| 6. 财务会计 | 陈洁、周玉强、高丽丽 |
| 7. 管理会计 | 高丽丽、胡中文、符必勇 |
| 8. 企业领导学 | 张伟明、黄昱琪（中国台湾） |
| 9. 公司治理 | 黄剑锋、符斌、刘秋红 |
| 10. 创业与企业家精神 | 张伟明、严红、林冷梅 |
| 11. 企业后勤管理 | 赵欣、钱侃、林冷梅、肖斌 |
| 12. 时间管理 | 苏明展（中国台湾）、胡蓉 |
| 13. 企业危机管理 | 胡琼洁、林冷梅、钱侃 |
| 14. 企业创新 | 符斌、刘秋红 |
| 15. 企业信息管理 | 肖淑兰、胡蓉、陈明刚、于远航、郭琦 |
| 16. 企业文化管理 | 符斌、谢舜龙 |
| 17. 项目管理 | 于敬梅、周鑫、陈赟、胡亚庭 |
| 18. 技术开发与管理 | 胡中文、李佳妮、李汶娥、李康 |

续表

| 书名 | 编写成员 |
|---|---|
| 19. 设备管理 | 马庆英、于敬梅、周鑫、钱侃、庞博 |
| 20. 公共关系管理 | 谢舜龙、符斌、余中星、吴金土（中国台湾）、刘秋红 |
| 21. 组织行为学 | 马庆英、赵欣、李汶娥、刘博逸 |
| 22. 无形资产管理 | 张伟明、陈洁、白福歧 |
| 23. 税务筹划 | 肖淑兰、陈洁 |
| 24. 宏观经济学 | 赵欣、汤雅琴 |
| 25. 金融机构经营与管理 | 胡琼洁、汤雅琴、江金 |
| 26. 行政管理学 | 温伟文、张伟明、林冷梅 |
| 27. 商法 | 高丽、胡蓉 |
| 28. 管理科学思想与方法 | 陈鸽林、陈德全、郭晓、林献科、黄景鑫 |
| 29. 管理经济学 | 周玉强、汤雅琴 |
| 30. 企业管理发展的新趋势 | 龚裕达（中国台湾）、符斌 |
| 31. 企业管理的哲学与艺术 | 龚裕达（中国台湾）、黄昱琪（中国台湾） |

有 62 名企业界的中高层管理人员、从事工商管理研究的学者以及政府公务员为我们的编写工作提供了建设性修改意见，他们的付出对提升本套文库的质量起到了重要的作用。表Ⅱ列出了这些人员对相应书籍的贡献。

### 表Ⅱ 提供修改意见的人员名单及贡献

| 姓名 | 书名 | 工作单位、职务或职称 | |
|---|---|---|---|
| 1. 张世贤 | 商法<br>宏观经济学 | 中国社会科学院工业经济研究所<br>经济管理出版社 | 研究员<br>社长 |
| 2. 何蒂 | 管理会计<br>时间管理 | 经济管理出版社总编室 | 副主任 |
| 3. 邱德厚（澳门） | 管理经济学<br>企业危机管理 | 广东彩艳集团 | 董事长 |
| 4. 冯向前（加拿大） | 税务筹划 | 国际税务咨询公司<br>中国注册执行税务师 | 总经理 |
| 5. 陈小钢 | 行政管理 | 广州市黄埔区 | 区委书记 |
| 6. 温伟文 | 宏观经济学 | 广东省江门市蓬江区政府<br>（原广东省江门市经信局局长） | 区长 |
| 7. 曹晓峰 | 公共关系管理 | 广东交通实业投资有限公司 | 董事长 |
| 8. 梁春火 | 企业领导学 | 广东移动佛山分公司 | 总经理 |
| 9. 邓学军 | 市场营销管理 | 广东省邮政公司<br>（原广东省云浮市邮政局局长） | 市场部经理 |
| 10. 冯礼勤（澳大利亚） | 企业创新 | 迈克斯肯国际有限公司 | 董事长 |
| 11. 马兆平 | 人力资源管理 | 贵州高速公路开发总公司 | 副总经理 |

| 姓名 | 书名 | 工作单位、职务或职称 | |
|------|------|----------------------|---|
| 12. 武玉琴 | 项目管理 | 广东恒健投资控股有限公司投资部<br>北京大学经济学院博士后 | 副部长 |
| 13. 方金水 | 金融机构经营与管理 | 交通银行深圳分行 | 副行长 |
| 14. 陈友标 | 时间管理 | 广东华业包装材料有限公司 | 董事长 |
| 15. 李思园（中国香港） | 公司理财 | 香港佳宇国际投资有限公司 | 总经理 |
| 16. 李志新 | 企业领导学 | 广州纺织工贸企业集团有限公司 | 董事长 |
| 17. 郑锡林 | 人力资源管理 | 珠海市华业投资集团有限公司 | 董事长 |
| 18. 李活 | 项目管理 | 茂名市金阳热带海珍养殖有限公司 | 董事长 |
| 19. 朱伟平 | 战略管理<br>人力资源管理 | 广州地铁广告有限公司 | 总经理 |
| 20. 沈亨将（中国台湾） | 战略管理 | 广州美亚股份有限公司 | 总经理 |
| 21. 罗文标 | 生产运作管理<br>人力资源管理 | 华南理工大学研究生院 | 研究员 |
| 22. 张家骐 | 企业危机管理 | 北京德克理克管理咨询有限公司 | 董事长 |
| 23. 廖洁明（中国香港） | 企业危机管理 | 香港警务及犯罪学会 | 主席 |
| 24. 陈国力 | 项目管理 | 广州洪珠投资有限公司 | 总经理 |
| 25. 黄正朗（中国台湾） | 财务会计<br>管理会计<br>无形资产<br>公司理财 | 台一国际控股有限公司 | 副总经理 |
| 26. 彭建军 | 创业与企业家精神 | 恒大地产集团 | 副总裁 |
| 27. 应中伟 | 时间管理 | 广东省教育出版社 | 社长 |
| 28. 黄昱琪（中国台湾） | 税务筹划 | 广东美亚股份有限公司 | 副总经理、财务总监 |
| 29. 黄剑锋 | 市场营销管理 | 中国电信股份有限公司广州分公司市场部 | 副总经理 |
| 30. 周剑 | 技术开发与管理<br>公司治理 | 清华大学能源研究所副教授 | 博士后 |
| 31. 杨文江 | 公司治理 | 广州御银股份有限公司 | 董事长 |
| 32. 陈洪海 | 公司理财 | 深圳联通龙岗分公司 | 副总经理 |
| 33. 沈乐平 | 商法 | 华南理工大学工商管理学院教授 | 博士生导师 |
| 34. 谢舜龙 | 行政管理 | 汕头大学商学院 | MBA 中心副主任 |
| 35. 刘璐华 | 企业创新 | 广东工业大学科研处副处长 | 教授 |
| 36. 吴晓宝 | 创业与企业家精神 | 广州增健通信工程有限公司 | 董事长 |
| 37. 周枝田（中国台湾） | 企业后勤管理<br>生产运作管理 | 诚达集团 | 副总经理 |
| 38. 许陈生 | 宏观经济学<br>管理经济学 | 广州外语外贸大学经贸学院 | 教授 |
| 39. 何莽 | 设备管理<br>税务筹划 | 中山大学旅游管理学院 | 博士后 |
| 40. 苏明展（中国台湾） | 设备管理 | 广州德进机械设备安装有限公司 | 总经理 |
| 41. 李建喜 | 市场营销管理 | 广州新福鑫智能科技有限公司 | 副总经理 |

| 姓名 | 书名 | 工作单位、职务或职称 | |
|------|------|------|------|
| 42. 李茂松 | 企业后勤管理 | 暨南大学华侨医院后勤产业集团 | 副总经理 |
| 43. 羊卫辉 | 宏观经济学<br>管理经济学 | 股票、期货私募操盘手、私人投资顾问 | |
| 44. 周文明 | 生产运作管理<br>技术开发与管理 | 广电运通金融电子股份有限公司 | 厂长 |
| 45. 王步林 | 商法 | 广州金鹏律师事务所 | 合伙人、律师 |
| 46. 刘军栋 | 企业信息管理 | 合生创展集团有限公司信息化办公室 | 经理 |
| 47. 张振江（中国台湾） | 无形资产管理 | 南宝树脂东莞有限公司 | 总经理 |
| 48. 程仕军（美国） | 公司理财<br>财务会计<br>管理会计<br>公司治理 | 美国马里兰大学商学院财务系 | 副教授 |
| 49. 黄奕锋 | 行政管理学 | 广东省国土资源厅 | 副厅长 |
| 50. 翁华银 | 战略管理<br>市场营销管理 | 广州行盛玻璃幕墙工程有限公司 | 董事长 |
| 51. 李希元 | 企业危机管理 | 广东省高速公路股份有限公司 | 总经理 |
| 52. 叶向阳 | 金融机构经营与管理 | 中国邮储银行广东省分行 | 财务总监 |
| 53. 杜道洪 | 公司理财 | 广州滔记实业发展集团有限公司 | 总经理 |
| 54. 李飚 | 组织行为学<br>人力资源管理 | 广州市社会科学研究院 | 研究员 |
| 55. 吴梓锋（澳大利亚） | 市场营销管理<br>项目管理<br>战略管理 | 澳大利亚雄丰股份有限公司 | 董事长 |
| 56. 薛声家 | 管理科学思想与方法 | 暨南大学管理学院教授 | 博士生导师 |
| 57. 左小德 | 管理科学思想与方法 | 暨南大学管理学院教授 | 博士生导师 |
| 58. 周永务 | 管理科学思想与方法 | 华南理工大学工商管理学院教授 | 博士生导师 |
| 59. 贺臻 | 创业与企业家精神 | 深圳力合创业投资有限公司 | 总经理 |
| 60. 方向东 | 项目管理 | 新八建设集团有限公司南方公司 | 总经理 |
| 61. 梁岳明 | 公司理财 | 广东省教育服务公司 | 总经理 |
| 62. 邓俊浩 | 企业文化管理 | 广州精心广告有限公司 | 总经理 |

注：3~47 为团队成员，1~2 和 48~62 为外请成员。

## 二、致谢

在本套文库的编写过程中，我们参阅了大量古今中外的文献并借鉴了一些专家、学者的研究成果，尤其是自管理学诞生以来的研究成果。对此，本套文库尽最大可能在行文当中予以注明，并在书后参考文献中列出，但仍难免会有疏漏，在此向所有已参考过的文献作者（国内的和国外的，已列出的和未列出的）表示衷心的感谢！

另外，还要特别感谢参加本套文库的编写人员和提出修改意见的人员，是你们这"113将"的勤奋和智慧才使该文库的构思得以实现。随着这套文库的问世，中国企业会永远记住你们，感激你们！

经济管理出版社是我国经济管理类的中央级出版社，它以严谨的学术、广泛的应用性以及规范的出版而著称。在此，我们非常感谢经济管理出版社的领导和所有工作人员对本套文库的出版所做的工作和提供的支持！

我还要感谢暨南大学这所百年华侨学府，"始有暨南，便有商科"。巧合的是，管理学和暨南大学几乎同时诞生，在此，就让《21世纪工商管理文库》作为管理学和暨南大学的百年生日礼物吧！

我们真诚地希望并欢迎工商管理界的学者和企业家们对本套文库提出宝贵意见，以使该套文库能更好地为中国企业服务，从而全面提升中国企业的管理水平！

夏洪胜

2013 年 12 月